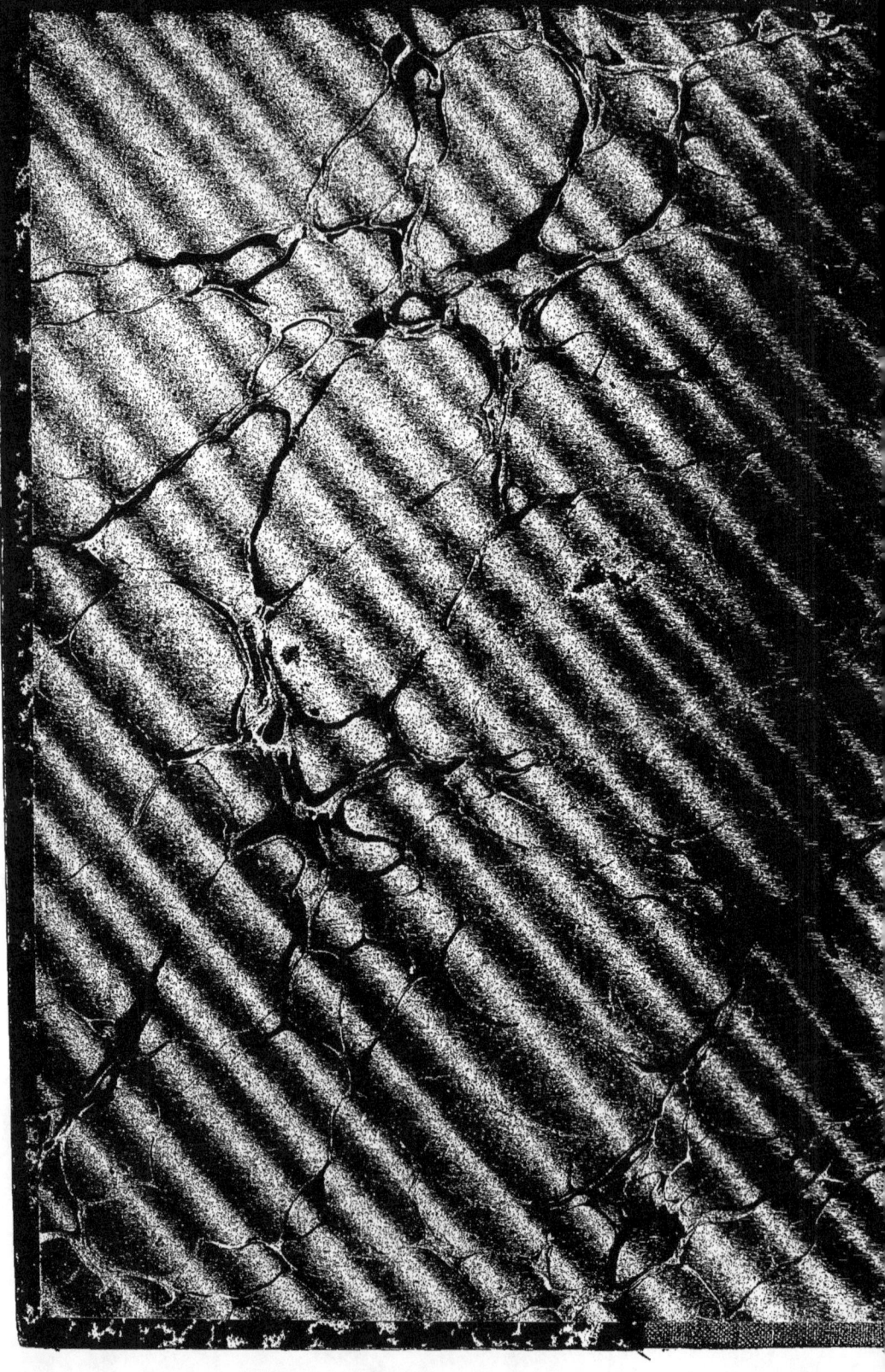

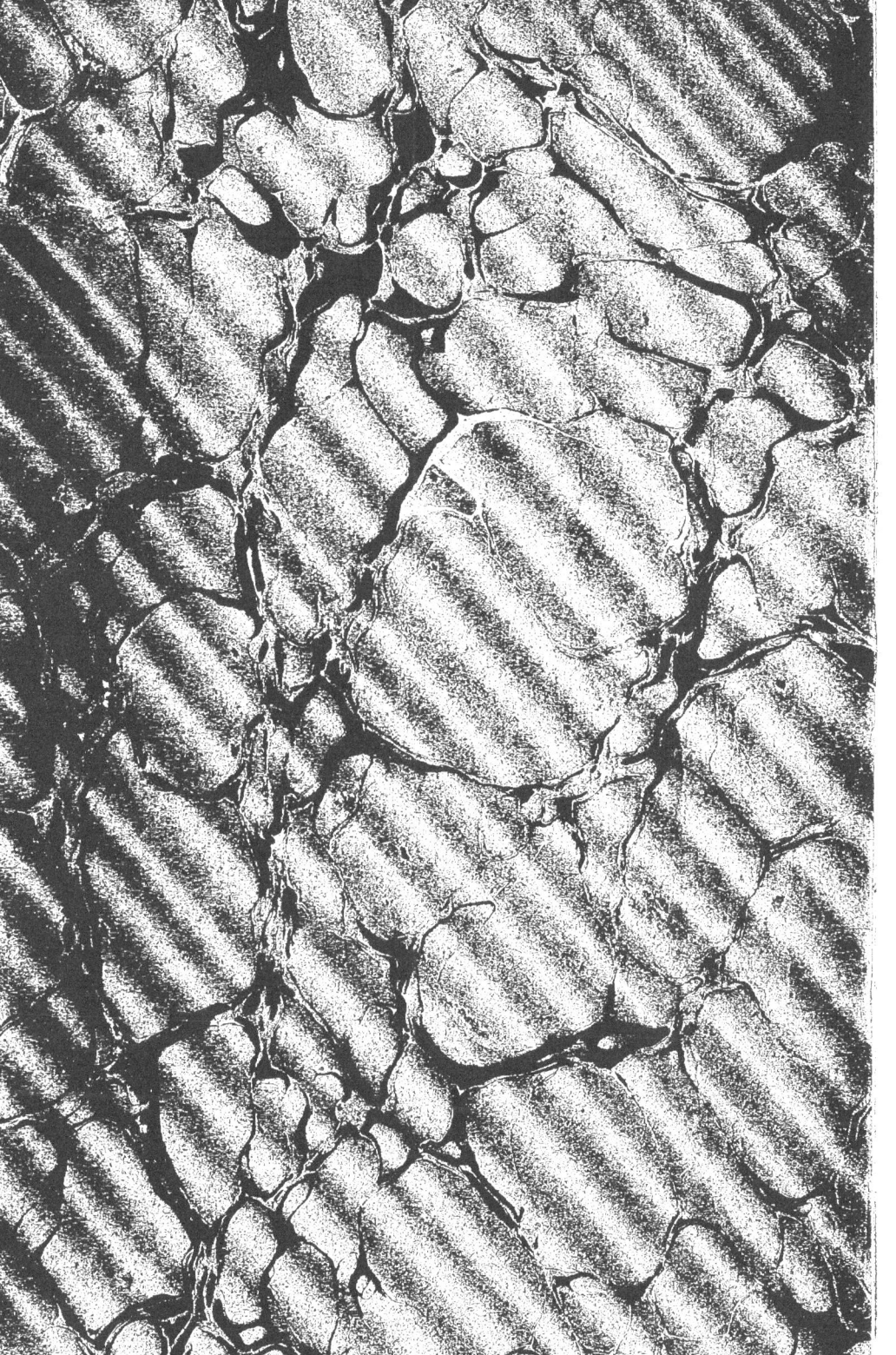

LES
GRANDS MUSICIENS

PAR

ANDRÉ CHARRY

A Mame & fils
Éditeurs à Tours

LES

GRANDS MUSICIENS

1re SÉRIE GRAND IN-8° CARRÉ

PROPRIÉTÉ DES ÉDITEURS

Adieux de Mozart à Joseph Haydn partant pour Londres (P. 33.)

LES
GRANDS MUSICIENS

PAR

ANDRÉ CHARRY

TOURS
MAISON ALFRED MAME ET FILS

PRÉFACE

Vous souvient-il de ces vers de Musset :

>   Harmonie! harmonie!
> Langue que pour l'amour inventa le génie,
> Qui nous vins d'Italie et qui lui vint des cieux!
> Douce langue du cœur, la seule où la pensée,
> Cette vierge craintive et d'une ombre offensée,
> Passe en gardant son voile et sans craindre les yeux!
> Qui sait ce qu'une enfant peut entendre et peut dire
> Dans tes soupirs divins nés de l'air qu'il respire,
> Tristes comme son cœur et doux comme sa voix?
> On surprend un regard, une larme qui coule;
> Le reste est un mystère ignoré de la foule,
> Comme celui des flots, de la nuit et des bois.

Nul ne pouvait sentir plus ardemment et plus tendrement chérir la musique que l'harmonieux rêveur, le mélodieux poète des *Nuits*. Ainsi ont vibré, au plus intime de lui-même, toute la puissance de sentiments et toute l'intensité de sensations qui peuvent tendre les cordes de cette harpe merveilleusement sensible : un cœur de jeune fille qui chante.

Or, nous tous qui aimons la musique, nous possédons, à des heures inoubliables, ce cœur de vierge-enfant dilaté et ravi par l'harmonie. Et point n'est besoin pour cela de pouvoir sonder les mystères de la grande musique. Sans doute les initiés auront des jouissances plus hautes et plus profondes encore ; mais tout homme qui, aux vibrations musicales, s'est senti soulevé, emporté loin des choses d'en bas en de surhumaines délices, celui-là a eu le frisson sacré.

Voilà pourquoi jamais aucune jouissance purement terrestre n'approchera de l'enivrement unanime des grands concerts ou bien de l'enchantement de ces auditions privées où, dans l'intimité de la chambre close, l'âme des artistes, unie à l'âme des compositeurs, s'exhale librement dans la voix humaine et le chant des instruments.

Encore faut-il pour cela, — car il ne suffit nullement pour être bon musicien de savoir déchiffrer, même transposer et harmoniser et de posséder un répertoire à toute épreuve, — que les artistes comprennent et sentent ce qu'ils interprètent.

Hélas ! il n'en est pas toujours ainsi, tant s'en faut. Que de fois, dans divers salons, ai-je écouté avec résignation chanter sans expression ou moudre mécaniquement, à la façon des orgues de Barbarie, des fragments d'œuvres de maîtres, et cela parfois par des amateurs très habiles, même des virtuoses, et ai-je reçu les confidences de mes compagnons d'infortune non moins heureux que moi d'en voir la fin! Le piano surtout ne révèle que trop souvent l'incompréhension de l'exécutant, qui, à force de le frapper et de le marteler, finit par ressembler à un bourreau : il le fait résonner; il ne sait pas le faire chanter.

Si cependant le musicien connaissait mieux l'individualité de l'auteur de la page qu'il veut rendre, ne la comprendrait-il pas avec plus de pénétration? ne l'exprimerait-il pas avec plus d'intensité[1]? Et cette même page ne parlerait-elle pas mieux à l'âme de l'auditeur pareillement éclairée? En musique, plus encore qu'en littérature, « le style est l'homme. » S'il est vrai que, lorsque nous avons pénétré le caractère d'un ami, nous discernons mieux la cause et l'enchaînement de ses actes, de même, au rayonnement de l'âme des grands compositeurs, leur art s'illumine peu à peu dans ses profondeurs, pour la raison que, — on le verra dans ce livre, — il la reflète presque toujours. « Il est bien rare, dit un remarquable musicographe, Frédéric Clément, dans son ouvrage considérable consacré aux musiciens célèbres, — où j'ai puisé pour beaucoup de ces portraits maint renseignement et auquel je suis heureux en passant de

---

[1] M. Arthur Coquard, l'éminent critique musical et compositeur, exprime, dans ses *Causeries musicales*, une idée analogue en observant que, pour compléter un musicien, il faut lui mettre en mains quelque bonne histoire de la musique.

rendre hommage, — que l'on observe, chez les illustres compositeurs, le désaccord que l'on constate trop fréquemment chez les autres artistes entre leurs œuvres et leur caractère. Pourquoi? parce que la musique n'est pas un art d'imitation. Elle procède de l'impression, de l'improvisation et de la sensibilité; c'est une émanation plus directe de l'âme. »

C'est ainsi que ce petit ouvrage sans prétention, offert par un amateur aux amateurs, exécutants ou non, a été écrit non pas seulement pour documenter le lecteur par un exposé aussi clair et condensé que possible sur la vie et l'art des grands musiciens, de ceux tout au moins dont la pleine gloire est unanimement célébrée[1], mais surtout avec la préoccupation de mettre en relief, par l'évocation de leur esprit, de leur cœur et de leur âme, leur personnalité, et de rendre ainsi leurs œuvres, d'une

---

[1] Que l'on me permette de motiver ici les rares omissions que j'ai cru devoir faire dans la pléiade des célébrités. Parmi les grands maîtres dont la mort n'a fait que consacrer la renommée, j'espère n'avoir passé sous silence que Palestrina, lequel, s'étant élevé aux plus hauts sommets, fut surnommé le Prince de la Musique. La raison en est que, ses compositions étant à peine connues aujourd'hui à cause de l'insuffisance des ressources techniques de l'époque, je n'ai fait que suivre la coutume qui est de faire commencer l'histoire de la musique à Rameau.

Quant aux vivants, dont plusieurs ont conquis la gloire, j'avoue me sentir impuissant, dans la confusion des jugements de l'actualité, à faire un choix entre eux! et j'ai été ainsi amené, comme beaucoup de biographes, à me donner pour règle de ne parler que des morts. Je n'ai fait d'exception, dans cet ouvrage destiné au public, que pour les deux maîtres français Saint-Saëns et Massenet, dont, sans conteste, les œuvres sont chez nous les plus universellement connues et les plus fréquemment interprétées et qui, du reste, étant académiciens, sont déjà entrés dans l'officielle immortalité.

part, plus vivantes dans la pensée et par là plus vibrantes sous les doigts ou dans la voix des interprétateurs, de l'autre, plus évocatrices et plus captivantes pour les auditeurs.

Cette science de la compréhension et de l'expression ne saurait certes être assez recherchée, car elle double le ravissement musical.

Or, je le répète, quelle jouissance dans l'ordre naturel pourrait surpasser un tel enchantement? La musique, — on ne le conteste plus aujourd'hui, — nous apparaît comme le plus haut et le plus pur de tous les arts, la poésie n'étant elle-même, dans son essence, que de la musique matérialisée par les mots. Et ce n'est pas assez de dire qu'elle adoucit les mœurs : elle les élève et les idéalise. La mère de Dalayrac disait un jour au petit artiste, alors âgé de treize ans :

« Tu aimes donc bien la musique?

— Si je l'aime? Oh! ma mère! Vous ne savez donc pas ce qu'est la musique, pour me demander si je l'aime? La musique, voyez-vous, c'est, après vous, ce qu'il y a de meilleur au monde ; c'est ce qui console quand on est triste, c'est ce qui donne du courage, c'est ce qui fait oublier ce qui est mauvais, ce qui fait penser à tout ce qui est bon, ce qui peut faire croire que l'on est heureux. Je ne puis faire de musique sans songer à Dieu et à vous, ma mère : n'est-ce pas ce qu'il y a de meilleur? »

La raison d'un tel ascendant? Elle est bien simple : c'est que la musique est, de toutes les choses humaines, celle qui approche le plus du divin. Les théologiens s'accordent à dire que c'est par elle que nous pouvons avoir l'impression la plus vive des joies célestes.

M. Camille Mauclair, le remarquable critique, va jusqu'à écrire sur les grands concerts ces superbes lignes : « Le langage de l'orchestre va droit au fond de l'âme pour émouvoir et dissoudre dans les pleurs le diamant enfoui qui gît au sein des plus obscurs, et qui est le signe mis dans la créature par Dieu, qu'elle reconnaîtra grâce à lui. Tel qui resterait insensible aux livres ou à la peinture sera, par l'émotion irrésistible de l'orchestre le submergeant sous sa vague, pénétré jusqu'aux entrailles de la présence du divin. »

Et c'est encore Hello, le magnifique penseur catholique, qui s'écrie à son tour : « Notes fugitives, majestés invisibles, que vous êtes puissantes! Dans les instants solennels où nous vous appartenons, l'âme a de l'air : elle respire, elle prend conscience d'elle-même. Elle dit : Oui, mon Dieu, je suis grande et je l'avais oublié! »

Au fait, qui donc, parmi les fervents de la musique, n'a pas senti parfois, à l'audition de chefs-d'œuvre, ses tempes se contracter, ses yeux se voiler et s'emplir de larmes, ses nerfs se tendre dans un bouleversement de tout l'être physique? Ne dirait-on pas vraiment que l'âme, parvenue alors au sommet de l'ivresse, voulant monter plus haut encore et ouvrant ses ailes comme pour s'envoler, se trouve comprimée, entravée dans son essor par le corps, son geôlier, au fond de la prison terrestre?

Et qui donc, à évoquer ces heures à la fois poignantes et bienheureuses, n'a pas le pressentiment de l'immense vie d'outre-tombe, la vraie, l'unique, où l'âme, prisonnière enfin délivrée, ira se fondre dans l'extase désormais sans frein des divines harmonies?...

LES

GRANDS MUSICIENS

RAMEAU (Jean-Philippe)

1683-1764

Bien que l'on commence le plus souvent à Rameau l'histoire de la musique, celui-ci n'en eut pas moins d'illustres prédécesseurs : des noms comme ceux de Roland de Lassus, de Vittoria, de Monteverde, de Lulli, de Palestrina surtout, ont laissé avant lui des sillons de lumière. Mais leur âme où chantaient d'admirables harmonies ne pouvait les exprimer à son gré; Rameau, le premier a élevé la technique de la musique à des hauteurs que nul n'avait envisagées.

Plus intéressante que sympathique apparaît la personnalité du grand maître. Sa nature taciturne et volontiers revêche lui attirait peu d'amis. Mais il fut un vaillant, un laborieux, un honnête homme, qui remplit noblement sa destinée.

L'auteur de *Castor et Pollux* fut un petit prodige, lecteur remarquable et habile claveciniste à sept ans. Très exclusif, il aimait la musique et n'aimait qu'elle. Il savoura du reste la douceur, — assez rare, — de voir ses travaux suivis et encouragés par ses parents, musiciens eux-mêmes. Aussi s'habitua-t-il sans peine à cette aimable existence; et quand son père, qui le destinait à la magistrature, le fit entrer, malgré sa résistance, au collège des Jésuites de Dijon, il se montra si clairement disposé à négliger ses études, couvrant ses cahiers de notes de musique, et en outre si têtu et farouche, que les Pères, effrayés, s'empressèrent de le rendre à sa famille. Son père, de guerre lasse, le laissa se donner tout à l'art : il ne demandait que cela.

Ainsi Jean-Philippe grandissait en âge et non en sagesse. Une aventure de jeunesse, qui l'absorbait au point de l'arracher à la musique, détermina son père à l'envoyer de force en Italie, où régnait en ce temps-là la mélodie répandue dans les œuvres de Scarlatti et de Caldara. Rameau partit. Il berça ses rêves d'harmonie dans l'harmonie du pays des rêves, mais resta insensible aux charmes du chant italien. Il était l'homme le mieux doué pour aimer et faire aimer la musique française, qui n'est ni la mélodie italienne aux cadences de vagues bleues, ni l'harmonie allemande profonde comme les forêts, mais le chant sonore des sources claires.

Le jeune homme jugea banal de revenir en France par les voies rebattues. Il s'engagea comme premier violon dans un orchestre italien et parcourut les principales villes du Midi, aspirant avec volupté cet air enivrant de la jeune liberté. Cette vie vagabonde fortifia encore dans ses qualités et ses défauts sa nature opiniâtre, indépendante et fière, qui n'hésitait pas à briser les obstacles surgis dans le voyage de la vie.

Il ne tarda pas à en donner une preuve éclatante. Venu à Clermont pour y tenir l'orgue de la cathédrale, il ravit tout d'abord les auditeurs par des improvisations telles qu'en pouvait exécuter un musicien d'inspiration si riche et si féconde. Mais lorsqu'il voulut se rendre à Paris, qui le fascinait, avant la fin de son engagement, l'évêque et les chanoines refusèrent de le rompre. Rameau se creusait la tête pour les faire revenir à de meilleurs sentiments. Tout à coup, se rappelant sans doute le succès de ses frasques d'écolier au collège, il eut une idée géniale : il fit rendre à l'orgue d'abominables sons qui cassaient les oreilles des pauvres chanoines. Bon gré, mal gré, ceux-ci durent donner à leur organiste la clé des champs ou plutôt de Paris.

Or la solitude, si bonne aux artistes, avait mûri ses pensées dans cette Auvergne qui était alors un pays perdu. Son esprit, élargi dans l'éblouissement de ses voyages, avait grandi et s'était élevé dans le calme imposant de ce pays de ruines et de rochers, de verdure et de fraîcheur, où à chaque pas s'offrent aux yeux ravis comme de somptueux décors de théâtre prolongés à l'infini. Il arrivait à Paris avec en poche le manuscrit de son fameux *Traité de l'Harmonie,* basé sur la basse fondamentale, qui ramenait tous les accords possibles à un nombre limité d'accords principaux sous la forme de renversement de ces accords. Rameau, qui avait conçu son système dans le pays de Pascal, s'y montre le géomètre de la musique.

Le livre à peine publié, ce fut une nuée de clameurs discordantes qui s'abattirent comme des moineaux querelleurs. Mais, s'il était discuté, Rameau n'en était pas moins célèbre, et les élèves accoururent. Parmi eux se trouvait la femme du fermier général La Popelinière : ce fut une bonne fortune pour le maître, qui jusqu'alors n'avait guère été favorisé. Le financier qui, — chose rare, — savait jouir intelligemment de sa richesse, donnait à son hôtel des représentations très en vogue qui réunissaient les artistes de l'époque.

Le premier ouvrage lyrique de Rameau, *Samson,* y recueillit de vifs applaudissements; il fut cependant refusé à l'Académie royale de musique, ce dont l'auteur, qui avait cinquante ans, se montra fort marri. La Popelinière le réconforta, et il fit enfin recevoir *Hippolyte et Aricie,* ce poème musical imité de *Phèdre,* aux mélodies d'un sentiment dramatique si pénétrant, aux chœurs d'un pittoresque délectable. On en cite le ravissant rondeau : « A l'Amour rendez les armes, » le trio des Parques, le récitatif de Pluton : « Vous qui de l'avenir percez la nuit profonde. »

Ce fut de nouveau un déchaînement de critiques, une grêle d'épigrammes dans le genre de celle-ci, dont l'apparente justesse ne repose que sur un sophisme, le beau artistique étant, non la simple nature, mais la nature recueillie dans l'âme et exprimée par elle :

> Si le difficile est le beau,
> C'est un grand homme que Rameau ;
> Mais si le beau, par aventure,
> N'était que la simple nature,
> Quel petit homme que Rameau !

Il en va toujours ainsi, quand une œuvre d'une originalité puissante heurte le goût de l'époque : cela semble en vérité, à certains esprits endormis dans l'habitude de ressentir les mêmes impressions, un manque de convenances. Wagner, César Franck, presque tous les novateurs ont été les victimes de ces froissements.

Cet ostracisme, qui n'a qu'un temps, fut relativement court pour Rameau. Le grand compositeur était d'ailleurs de taille à se défendre, et il répondait vertement à ses détracteurs. On redoutait cet homme grand, sombre, sec, qui savait imposer sa volonté. Une réaction se fit presque aussitôt en faveur d'*Hippolyte et Aricie,* et Campra, un des maîtres de l'époque, prononça cette phrase mémorable :

« Il y a dans cette partition de quoi faire dix opéras. Cet homme nous éclipsera tous. »

Le ballet des *Indes galantes,* qui vint ensuite, fut également très admiré.

Presque toujours, dans la vie des grands hommes, survient une heure éclatante où le succès s'élève jusqu'au triomphe. Cette heure sonna pour Rameau le jour de la représentation de *Castor et Pollux,* son chef-d'œuvre. Il y fondait l'école française, l'école de la clarté, de la distinction et de la sincérité :

« J'ai reconnu aux Français, a dit Wagner, un art admirable pour donner à la vie et à la pensée des formes précises et élégantes. J'ai dit, au contraire, que les Allemands, quand ils cherchent cette perfection de formes, me paraissent lourds et impuissants. »

Là est la gloire de Rameau. Il est notre Glück français, tant il a mis de pénétration et de vérité dans son œuvre, qui a en outre le rare mérite d'être celle d'un précurseur.

« Rameau, a dit Saint-Saëns, règne au théâtre comme Bach à l'église. »

Le vieux maître, qui semble redevenir à la mode, captive aussi puissamment qu'il attendrit exquisement.

Aussi bien n'est-il pas seulement le génie dramatique aux vastes conceptions et aux élans lyriques : il est aussi, particulièrement dans ses pièces pour clavecin, l'artiste aux touches délicates et aux subtiles nuances qui enchante l'esprit en remuant le cœur et parfois même s'égare dans la fantaisie. Une âme intense, — cette âme fermée aux hommes qui ne s'ouvrait qu'à l'amour de l'art, — se révèle dans cette musique qui soudainement, à pleines ailes, s'envole vers les sommets, puis, lasse de planer, redescend, avec de légers battements, vers les charmes terrestres moins enivrants, mais plus riants, où elle se repose avant de reprendre essor. La grâce fragilement rêveuse des anciennes cours, — parfums discrets, sourires jolis, — ondule dans certains de ses chants avec des chatoiements de velours et des frissonnements de satin.

Le grand artiste put jouir en paix, avant sa mort, d'une réputation chèrement achetée. Lors de la représentation de *Dardanus*, cette brillante tragédie par laquelle il achevait de créer, plus savamment que Lulli, le drame lyrique devenu plus tard l'opéra, les critiques ne lui arrivèrent plus que comme un bourdonnement confus.

Il était largement à l'abri du besoin, entouré des soins d'une femme dévouée, comblé d'honneurs ; Louis XV avait créé exprès pour lui la place de compositeur de cabinet, et lui avait même octroyé des lettres de noblesse que Rameau s'empressa de refuser pour éviter les frais de chancellerie. Les faveurs dont le sort se plaisait à couronner la fin de son existence n'amollissaient pas, on le voit, son caractère de fer. Il demeurait sobre, âprement économe, noblement laborieux, obstinément taciturne.

Peut-être regrettait-il le temps où, pauvre et inconnu, mais jeune et ardent violoniste, — tel *le Passant* de Coppée, — il promenait par les cités et les champs, sous le soleil et les étoiles, son art et sa liberté. C'est le propre de l'homme d'être toujours ballotté entre le passé et l'avenir, le regret et le désir.

Rameau reste une grande figure de la musique. Tous ceux, — et ils sont plus nombreux que jamais, — dont elle est l'amie fidèle et tendre qui berce les peines d'ici-bas dans l'évocation magique d'une vie supérieure, lui doivent leur gratitude; car il fut non seulement un puissant et délicieux artiste, mais un porte-flambeau dont les lumineuses conceptions sont le premier foyer des merveilleuses harmonies qui nous éblouissent aujourd'hui.

BACH (Jean-Sébastien)

1685-1750

Il y a des noms étonnamment expressifs et à eux seuls évocateurs de la personnalité qui les porte. Tel n'est pas celui de Bach, qui en allemand signifie ruisseau, alors que le génie du musicien ressemble à un grand fleuve calme, immense et sonore.

Mais c'est surtout comme pontife de son art que le vieux maître doit être salué; car celui que l'on a pu appeler le Moïse de la musique a exercé sur ses destinées une influence telle, qu'elle se fait encore sentir dans toutes les écoles.

Une majestueuse noblesse où repose, dans la vie comme dans l'œuvre, la grandeur jusque dans la simplicité, la mesure jusqu'en l'impétuosité : tel est le trait le plus saillant de la physionomie de Bach.

On pourrait dire, en donnant à cette expression un sens tout à fait précis, que l'auteur de la *Passion* naquit musicien, car depuis longtemps ses ancêtres se transmettaient le flambeau de l'art qui éclaira d'une vive lumière le berceau de l'enfant. (Notons ici que les descendants du maître en entretinrent jalousement la flamme, en sorte que les Bach, chez lesquels on compte cent vingt musiciens, évoquent ces familles de lévites où, parmi les Juifs, se perpétuaient les fonctions sacerdotales.)

Tout naturellement, sous l'influence secrète de l'hérédité autant que par sa vocation personnelle, Bach fut, comme la plupart des grands musiciens, d'une extraordinaire précocité. Tous ses rêves enfantins venaient éclore dans la musique : il en était si passionné que, malgré la défense de son frère qui servait de père à l'orphelin, il entreprit de copier, la nuit, en cachette, à la clarté de la lune, tout un cahier de morceaux des maîtres du temps. Hélas! le manuscrit, prix de tant de veilles, fut découvert et brûlé.

Ce fut une désolation pour l'enfant. Pauvres petites âmes dont on raille souvent les peines et qui pourtant, dans le froissement de leur sensibilité délicate et la vibration douloureuse de leurs nerfs fragiles, souffrent parfois profondément!

L'enfance de Sébastien, abandonnée à son frère qui le traitait durement, fut malheureuse. Les seules éclaircies de ces jours sombres étaient les voyages qu'il faisait à pied à Hambourg pour entendre à l'église le jeu du fameux organiste Reinken. Un jour, comme il passait à son retour sous les fenêtres d'une auberge, il vit tomber à ses pieds deux têtes de hareng que lui jetait un voyageur prenant en pitié sa maigreur et son dénuement. Les ayant ramassées, il eut l'agréable surprise de trouver dans chacune un ducat, — comme dans les contes de fées.

Ces misères n'eurent pas de lendemain. A dix-huit ans, Bach était organiste à Anstadt; et dès lors son talent, secondé par un travail incessant, comme une fleur précieuse sous l'action d'une culture jalouse, se développa avec une si puissante vitalité que, en peu de temps, sa renommée s'étendit au loin, sous le sourire de la destinée.

Destinée à la vérité si calme et si belle, malgré la pauvreté du musicien, et par là même si uniforme que, devant elle, le biographe éprouve à la fois un regret et un heureux étonnement, — si peu de grands hommes sont ainsi privilégiés ! — de n'y rien découvrir d'accidenté.

Les rares événements de sa vie, en effet, se rapportent plutôt à l'artiste qu'à l'homme. A dix-neuf ans, Bach devient organiste à Mulhausen, où il se marie avec sa cousine. Détail pittoresque où se reflète la simplicité de l'époque : à l'occasion de son mariage, le jeune compositeur demanda à la municipalité que l'on voulût bien ajouter aux deux cent cinquante francs qui formaient son traitement « trois grands sacs de blé, deux cordes de bois, avec du menu bois pour allumer du feu, et que la ville lui prêtât un char pour son déménagement ». C'étaient là des exigences apparemment limitées.

Successivement, Bach nous apparaît organiste à Weimar, puis à Cothen, enfin directeur de toutes les musiques d'église à Leipzig; et toujours, sans secousse, son génie s'élargit, sa situation se hausse et sa renommée se répand.

Entre temps, de deux mariages il a vingt enfants, qu'il élève avec une sollicitude admirable.

Bach fut d'ailleurs, dans sa vie privée, — j'emploie à dessein ce mot un peu vulgaire, — un brave homme; et cet éloge, assez banal, ne l'est plus du tout quand il s'applique à un artiste. Il est plus difficile, en effet, à ceux qui sentent l'inspiration couver en eux comme un feu sans cesse prêt à jaillir, de maîtriser leur pensée naturellement éloignée des choses matérielles, et, en faisant de leur temps deux parts bien nettes, de suivre toujours, à travers le labyrinthe de l'existence, le droit chemin.

Une volonté puissante se lisait du reste dans la noble physionomie de Bach, au menton avancé, aux traits fortement accentués, à l'expression digne et austère éclairée par le rayonnement d'un tranquille et profond regard.

Aussi, lorsqu'il paraissait devant un auditoire, avec l'auréole du génie et de la gloire, il était l'objet de l'admiration universelle qui éclatait parfois en triomphes. Le

plus beau fut celui de Potsdam, où Bach avait été appelé
par le roi de Prusse, Frédéric II, qui l'accueillit avec une

Bach (Jean-Sébastien).

affectueuse vénération. Lorsque, assis au clavecin, l'incomparable virtuose laissa errer sur le clavier, en merveilleuses improvisations, ses mains et son âme, l'assis-
tance lui fit une ovation dont il devait garder un sou-

venir ineffaçable. Comme marque de reconnaissance, il composa le lendemain, sur un seul thème donné par le roi, deux fugues, neuf canons et une sonate qu'il dédia à Frédéric II.

Les dernières années de sa vie furent douloureuses. En travailleur opiniâtre, Bach abusait de ses yeux; et subitement il devint aveugle.

Mais, dans la nuit où il était plongé, le grand artiste chrétien vit s'ouvrir, sous le regard de l'âme, un monde de lumière et de magnificence. Et du seuil de la tombe, d'où jaillissaient en lui les premières clartés de l'au delà, il entendit chanter, dans l'essor de son inspiration, les harmonies de l'infini.

Le plus souvent, le génie de Bach plane très haut, soutenu par les ailes d'une âme fervente (tous ses manuscrits portaient en devise : *Soli Deo gloria*). Cette élévation resplendit pleinement dans le chef-d'œuvre qu'est l'oratorio intitulé : *La Passion de J.-C. selon saint Mathieu*, où retentissent de magnifiques accents de foi et de douleur, et d'où souvent s'exhale, dans la prière et les larmes, une adoration suprême.

La musique de Bach a une réputation d'austérité qu'elle ne mérite peut-être pas entièrement. Sans doute, son génie n'est pas fait pour s'attarder aux enchevêtrements des sensations ou s'arrêter aux détours des passions. Mais les âmes élevées ont presque toujours un fond de tendresse; et il y a dans l'œuvre du glorieux artiste, surtout dans les *adagios* de certaines sonates, des accents d'une délicatesse si pénétrante et d'un abandon si touchant, qu'on en frémit jusqu'au fond du cœur.

Bach a semé à pleines mains les œuvres et les chefs-d'œuvre. L'énumération en est saisissante : trois cent soixante-cinq cantates sacrées, vingt-quatre oratorios, des messes, chorales, canons, psaumes, *Magnificat* et *Sanctus,* quatre cantates funèbres, vingt-huit motets à deux chœurs, trente préludes et un nombre incalculable de concertos, de sonates, de fugues, de sérénades, d'airs de danse, de morceaux dramatiques, de fantaisies, de symphonies, d'hymnes baptismales, de concertos, de duos, trios, etc. D'ailleurs, le catalogue complet n'en existe pas, et tout n'est pas encore publié.

Il fut, semble-t-il, le tempérament musical le plus remarquable qui ait jamais paru dans le monde, non seulement par son habileté et sa fécondité, mais aussi par une science quasi intuitive. A cet égard, Bach est un précurseur tel, que des siècles passèrent après lui sans le comprendre. Lui-même, en vérité, ne paraissait pas avoir conscience de sa valeur, puisqu'à peine conservait-il la plupart de ses compositions, ajoutant ainsi un charme aimable de modestie à son imposante physionomie.

Saluons, en contemplant une dernière fois la majestueuse figure, la personnalité colossale de Sébastien

Bach, l'union, — si rare, — d'un beau génie, d'un beau caractère et d'une belle existence, à laquelle la cécité des derniers temps donna ce prestige de grandeur douloureuse, sans laquelle il n'est point ici-bas de destinée accomplie.

HÆNDEL (Frédéric)

1685-1759

Le nom de Bach appelle celui de Hændel. On compare, en effet, souvent l'un à l'autre ces deux compositeurs, qui naquirent la même année, et dont les statures vigoureuses dominent la musique de l'époque et, pour mieux dire, de toutes les époques. Moins profond que Bach, Hændel est aussi grand, car il est plus imposant encore; et d'esprit, d'âme, de corps même, — nous le verrons, — il se hausse au loin, comme un géant.

Tout enfant, sa volonté puissante se fit jour. Voici, en effet, ce que représente une gravure du temps : dans un grenier, à la lueur d'une lanterne élevée à hauteur des yeux par ses parents qui viennent de le surprendre en pleine nuit, un enfant de cinq à six ans apparaît assis devant une épinette, les cheveux ébouriffés et les pieds nus sous la chemise, ravi et souriant à ses improvisations.

Ce bambin jouant en cachette, c'est l'homme qui plus

tard écoutera en lui, dans une solitude jalouse, vibrer tant d'harmonies envolées, à travers les siècles, dans la gloire.

Partout, même en voyage, il composait, laissant s'absorber dans l'art toutes ses facultés. S'il aima, nul ne le sut jamais : dans sa longue existence ne passe aucune ombre de femme. Une seule lumière rayonne en lui : le génie.

La jeunesse de Hændel s'écoula en Allemagne, à Halle, sa ville natale, où il était organiste, et à Hambourg, où, sous la direction de son ami Matheson, il s'initia aux secrets, peu compliqués alors, de l'opéra. Puis il partit pour Rome. Son voyage à travers la merveilleuse Italie éblouie de soleil, imprégnée de souvenirs et frémissante de beauté, épanouit son rêve musical : il écoutait, d'échos en échos, l'adorable chanson née des songes italiens ; et les mélodies ondulées comme les vagues de la mer napolitaine berçaient tout son être d'ivresses inconnues.

De là, à travers son œuvre bien allemand dans l'ensemble, cette douceur italienne qui l'enchante, tandis qu'un certain charme français l'éclaire ; de là cette alliance heureuse de la mélodie et de l'harmonie que la musique de Hændel réalise la première, et l'innovation dont il a le mérite des chants d'ensemble et des chœurs à parties.

D'Italie, Hændel, qui avait alors vingt-cinq ans, se

rendit en Angleterre : c'est là qu'il devait, jusqu'à soixante-quatorze ans, vivre dans le labeur et mourir dans la gloire. L'Angleterre revendique, non sans raison, comme un de ses enfants Hændel, qui fut enterré à Westminster. S'il est, en effet, Allemand de naissance et de caractère, ce n'en est pas moins aux Anglais que tout l'honneur revient de son illustre destinée.

L'existence de Hændel s'écoula dans une tranquillité fort relative. Tout d'abord il composait dans l'intimité et le silence chez le duc de Chandos, où une hospitalité princière l'avait accueilli; mais bientôt il devint l'artiste officiel de la cour et une sorte de musicien public. Entraîné par son amour de l'art, il fonda alors le théâtre de Haymarket, où il fit venir les acteurs les plus renommés de l'Italie et dirigea lui-même l'orchestre.

Mais la réputation grandissante de cet étranger, considéré dans certains milieux comme un intrus, lui avait attiré beaucoup d'ennemis. Or Hændel supportait difficilement les contrariétés et se montrait d'humeur plutôt irascible. Peut-être faut-il attribuer ses accès de colère au contraste continuel qui déséquilibrait son existence : fuyant les relations et les réunions mondaines où sans doute ses manières se fussent adoucies, et passant brusquement de l'ombre de la solitude au grand jour des représentations, le compositeur, la tête encore lourde du travail de sa pensée, se pliait malaisément au caprice des acteurs ou du public. Un jour, une célèbre cantatrice, la

Cuzzoni, ayant déclaré qu'elle ne chanterait pas, il la souleva de ses bras puissants, et, l'emportant à la fenêtre, il la suspendit dans le vide, en lui demandant si elle persistait dans son refus. Cette formidable mise en demeure eut, — est-il besoin de le dire? — tout l'effet qu'il en espérait, et les cris et les supplications de la chanteuse prouvèrent surabondamment qu'elle avait changé d'avis.

Physiquement, d'ailleurs, Hændel était un hercule. Sous ses doigts, les touches du clavecin s'étaient, paraît-il, creusées en cuillers. Et cependant, à voir sa majestueuse physionomie de lignes pures et d'expression reposée, on ne l'eût pas cru capable de violences.

Quoi qu'il en soit, le maître, combattu par de puissantes cabales, dut abandonner son théâtre, qui fit faillite. Il rentra dans la retraite, sa véritable demeure, et composa alors les oratorios qui devaient l'immortaliser : *Saül, Judas Machabée, Susanne, Samson, Israël en Égypte,* etc. O miracle d'illumination spirituelle! le chef-d'œuvre qu'est le *Messie* fut composé en vingt-quatre jours. On raconte que, le jour de la première représentation, l'un des critiques les plus autorisés, à l'audition de la partie d'Ève, s'écria :

« O femme, que pour cela tes péchés te soient pardonnés! »

Et lorsqu'éclata le chœur de l'*Alleluia,* le roi, d'un élan spontané, se leva avec toute sa cour.

On peut juger par là de l'impression grandiose que produit la musique de Hændel. Il y a en elle une souveraineté solennelle qui courbe l'âme. Toute la force phy-

Hændel (Frédéric).

sique et morale du grand compositeur semble avoir passé dans son œuvre extraordinairement féconde : cinquante opéras, vingt-deux oratorios, vingt-cinq *Te Deum,* psaumes et antiennes, et un nombre indéfini de cantates, sérénades, motets, odes, concertos, sonates, intermèdes, etc.

N'était-ce pas, du reste, au livre de force et de sublimité qu'il puisait le plus souvent ses inspirations? Les splendeurs de la Bible, recueillies au plus profond de son âme, rejaillissaient en flots impétueux d'harmonie, telle la source miraculeuse sous la baguette de Moïse. L'auteur du *Messie* a aimé, comme s'il voyait en eux des ancêtres, les figures gigantesques de l'Écriture, et les a fait chanter somptueusement en accents de joie intense ou d'immense douleur, de même qu'il a fait autour d'eux retentir l'âme des choses.

Les chœurs, sous son inspiration, déployèrent leurs ailes; et pour la première fois résonnèrent sur la scène ces accords si merveilleux, qu'ils semblent des voix d'anges planant dans la nue.

Toutefois il manque à Hændel la séduction. S'il élève et subjugue, rarement il émeut, parce qu'il a éprouvé lui-même les passions de l'esprit, non celles du cœur. Il a passé ici-bas comme ce voyageur dont parle l'*Imitation* qui, pressé d'arriver au but suprême, ne s'arrête ni aux fleurs, ni aux épines du chemin. Il n'a pas même incliné son âme vers l'ombre et la lumière terrestres, ni effleuré des lèvres la coupe des ivresses intimes et des secrètes mélancolies.

Cependant Hændel ne devait pas mourir sans avoir passé par l'épreuve : vers la fin de sa vie, comme Bach, il devint aveugle, — cruelle infirmité pour le vieil athlète qui, dans les ténèbres inexorables, sentait s'épuiser ses forces. Lors de la représentation de *Samson* ce fut, de voir à l'orgue le grand artiste aveugle et puissant comme le héros de la pièce, un spectacle si poignant que plusieurs spectateurs fondirent en larmes. Pour lui il se résigna, et dans son malheur il goûta, grâce à sa fortune devenue considérable, la consolation de secourir les malheureux.

Tel, au-dessus de l'humanité, le maître de l'oratorio, le Milton de la musique, ainsi qu'on a appelé Hændel, se dresse de toute sa hauteur, comme un prodige de force et de grandeur. L'homme qui, en composant le fameux *Alleluia* du *Messie,* avait cru voir, disait-il, tout le ciel et Dieu lui-même, semble, en musique, un prophète que la splendeur de l'inspiration, rayonnant sur une vie magnifiquement austère, éleva dans une exaltation surhumaine vers les sommets et jusqu'au ciel.

GLÜCK (Christophe)

1714-1787

S'il est vrai que le caractère des grands compositeurs transparaît ordinairement dans leur œuvre, celui de Glück semble faire exception à la règle. L'homme en lui est loin d'atteindre à l'artiste : autant celui-ci se hausse jusqu'au sublime, autant celui-là s'abaisse jusqu'à paraître, — disons-le, — assez mesquin.

L'enfance de Glück, — qui naquit dans le Haut-Palatinat et dont le père était garde-chasse, — s'écoula parmi les symphonies des forêts qui, autour de lui, murmuraient, gémissaient ou grondaient dans les brises, les vents et les tempêtes. L'enfant chantait comme un ange, et à sa sortie de collège il entreprit de gagner sa vie avec sa jolie voix. De fait, il fut bien accueilli partout, trouva des maîtres qui s'intéressèrent à lui, et se fit entendre dans les églises en s'accompagnant du violon ou du violoncelle.

Une telle enfance, suivie d'une pareille adolescence, devait faire éclore sa vocation. C'est à ce moment que le prince Melzi, remarquant le virtuose, l'engagea dans son orchestre et l'emmena en Italie. Glück avait alors vingt-trois ans.

L'âme musicale du jeune homme, plus rêveusement que jadis sa voix dans la forêt, plus ardemment que son violon sous les voûtes gothiques, chanta aux vibrations de l'azur, aux hymnes de la mer, jusque dans le silence frissonnant des nuits de velours. Peut-être puisa-t-il aussi, dans l'enveloppement des grands souvenirs de Rome, l'amour de la beauté antique qui a inspiré tous ses chefs-d'œuvre, sauf *Armide*. Sous son inspiration, d'un premier et tumultueux jaillissement les opéras se succèdent : huit, en quatre ans, qui déjà le rendent à demi célèbre.

Dans l'atmosphère de la péninsule, Glück s'était imprégné de ce goût italien qui sacrifiait l'expression du sentiment au charme de la mélodie, et qui se déclarait satisfait pourvu que la musique fût agréable à l'oreille. Vers trente ans, assez maître de son art et de sa fortune pour ne plus redouter d'ennuis financiers, il se mit à parcourir l'Europe, semant derrière lui, à travers les acclamations, une foule d'opéras : *Pyrame et Thisbé,* à Londres; la *Sémiramide riconosciuta,* à Vienne; *Filide,* à Copenhague; l'*Eroe cinese,* à Schœnbrunn; la *Danza,* au château du Luxembourg, etc.

Or les voyages élargissent l'esprit. Au contact des maîtres étrangers, les idées musicales de Glück prirent un autre cours. Peu à peu il en vint à entrevoir, puis à adopter ce principe : que l'art étant, avant tout, l'expression de l'âme dans la beauté, la musique, pour remplir son but, doit traduire avec la plus grande intensité ses sentiments les plus secrets comme ses élans les plus passionnés.

Ce sera l'immortel honneur de Glück d'avoir senti et compris cette haute vérité et de l'avoir imposée par une abondance d'inspiration qui éblouit et une noblesse de pensée qui subjugue. En ce sens on a pu dire, — avec quelque exagération, car il avait eu en Rameau un devancier génial, — que Glück est le père de la musique dramatique, et son immense influence se prolonge, à travers les œuvres de Mozart et de Rossini, jusque dans celles de Berlioz et de Wagner.

« Ma musique, a-t-il écrit, ne tend qu'à la plus grande expression et au renforcement de la déclamation et de la poésie... Je me suis occupé de la scène, j'ai cherché la grande et forte expression... J'ai considéré la musique, non pas comme l'art d'amuser l'ouïe, mais comme un des plus grands moyens d'émouvoir le cœur et d'exciter les affections... Il n'y a aucune règle que je n'aie cru devoir sacrifier à l'effet... La voix, les instruments, tous les sons, les silences mêmes, doivent tendre à un seul but, qui est l'expression... »

Et M. Gevaërt, dans son jugement sur Glück, déclare que « chaque note est sentie, que chaque accent instrumental porte coup ».

C'est pour cela que le théâtre de Glück, malgré son orchestration qui, — plus riche pourtant que celle de l'époque, puisque le maître y a introduit des innovations, — nous semble un peu lourde aujourd'hui, est si puissamment émouvant : l'homme, dans ces soupirs, ces frémissements, ces cris, ces sanglots, entendra toujours son propre cœur soupirer, frémir, crier, sangloter. Et le vigoureux essor de cet art vers la vertu et l'idéal en fait un des plus grands qui aient paru jusqu'à ce jour.

Glück était mûr pour la gloire. C'est alors qu'il fit représenter à Vienne ses deux premiers chefs-d'œuvre : *Alceste*, cet ouvrage poignant, débordant de vie et de passion, et *Orphée et Eurydice*, où la tendresse plane et chante jusque dans les larmes et d'où s'exhale cette mélodie divinement douloureuse : « J'ai perdu mon Eurydice... »

Enfin, à l'instigation du bailli du Rollet, secrétaire de l'ambassade de France en Autriche, il vint à Paris, où il devait vivre sa vraie vie artistique, et entreprit d'y faire représenter *Iphigénie en Aulide*.

Cette admirable pièce, qui avait le tort de rompre trop ouvertement avec les traditions, ne parut sur la scène que grâce à l'influence de la dauphine Marie-Antoinette, dont Glück avait été le professeur. Mais alors s'engagea entre les « glückistes » et les « piccinnistes » (Piccinni représentait à ce moment-là le genre italien) une lutte homérique aussi formidable que plus tard, à l'époque d'*Hernani,* la bataille entre classiques et romantiques. A l'Opéra se croisaient les railleries acérées et les apostrophes tranchantes :

« Ah! mademoiselle, lançait un auditeur à une actrice, vous m'arrachez les oreilles!

— Ah! monsieur, répondait un voisin, quelle fortune, si c'est pour vous en donner d'autres! »

Et mille autres traits qui, parfois, faisaient de cruelles blessures. L'abbé Arnaud s'acquit même, comme glückiste, une quasi célébrité, et son nom, sous le rayonnement de celui de Glück, reste éclairé dans l'histoire d'une fugitive lueur.

Après *Alceste* vint *Armide,* où se déroule, à travers des cris de rage et des élans de passion farouche, un charme, — très particulier chez Glück, — de langueur et de grâce (cette pièce, on le sait, a obtenu, il y a peu de temps, avec ses magnifiques décors des *jardins d'Armide,* un beau succès à l'Opéra).

Malgré tout la lutte continuait, plus acharnée que jamais. Bientôt les épigrammes, comme une nuée de flèches, volèrent à travers Paris.

La personnalité de Glück, il faut le dire, n'était pas étrangère à ce conflit. Plus de mansuétude et moins d'infatuation de la part du maître eussent sans doute désarmé ou au moins adouci la critique. Mais, — et nous rencontrons ici ses vices de caractère, — Glück se rendait antipathique par son orgueil, qui s'aiguisait de malveillance vis-à-vis de ses rivaux; il cherchait à nuire de tout son pouvoir à Piccinni, comme plus tard il devait, à Vienne, dénigrer Mozart, dont la renommée

Glück (Christophe).

grandissait. Comment un homme d'un génie si élevé, et dont les mœurs semblent avoir été pures, put-il en venir à de telles bassesses? Mystère!

Comme il arrive toujours, les cabales ne faisaient que

propager la célébrité du compositeur. De tous côtés on accourait pour voir ce géant sexagénaire, — Mirabeau de la musique, au visage d'une laideur superbe criblé de petite vérole, — présider aux répétitions, l'œil ardent, la poitrine haletante, comme s'il eût fait jaillir du plus profond de lui-même les notes de l'orchestre qu'il dirigeait. Un tel spectacle était d'autant moins banal que le chevalier Glück apparaissait, le plus souvent, débraillé et en bonnet de nuit.

Le grand artiste ne manquait d'ailleurs pas d'originalité. Dédaignant l'intimité du cabinet de travail, il faisait transporter son piano dans une prairie ensoleillée et fleurie, et là il se plongeait dans l'inspiration, tout en absorbant de temps en temps de larges lampées de champagne qui, à n'en pas douter, devaient aviver encore à ses yeux l'éclat du soleil et des fleurs.

Iphigénie en Tauride, cette œuvre de si ferme structure, toute pleine, comme du reste *Iphigénie en Aulide,* de la splendeur antique où le sublime semble n'être fait que de simplicité, assura enfin le triomphe de Glück sur Piccinni, qui avait accepté de traiter le même sujet. La supériorité du premier éclatait si manifestement, qu'on fut obligé de s'incliner.

Ce fut le couronnement de la carrière de Glück. Sa santé s'étant affaiblie, il se retira à Vienne pour y jouir en paix de la grande fortune qu'il avait amassée, non pas seulement grâce à son talent et à son économie...

exagérée, mais aussi, ô bizarrerie ! dans le commerce des diamants qu'il pratiquait avec un rare bonheur :

« J'aime avant tout l'argent, disait-il, ensuite le vin, et enfin la gloire : avec de l'argent j'achète du vin, le vin m'inspire, et l'inspiration me rapporte de la gloire. »

Ce goût de la boisson, qu'il avouait dans cette phrase quelque peu cynique, devint, par une vengeance du sort contre celui qui rabaissait ainsi l'idéal, une passion dangereuse qui hâta sa fin.

Quoi qu'il en soit, les faiblesses de l'homme s'effacent devant la grandeur vraiment formidable de l'artiste, et le souffle du génie où passe la flamme éternelle emporte bien loin, en les purifiant, les relents des misères éphémères.

Ici me reviennent en mémoire, comme s'appliquant à Glück presque mot pour mot, ces beaux vers de Fernand Gregh évocateurs de Victor Hugo :

. . . .

Et j'oubliais alors, j'oubliais tout le mal :
Son égoïsme dur, naïf, comme animal,
Son âpre amour du gain, son ambition morne,
Sa brigue, son orgueil monstrueux et sans borne ;

. . . .

Et je ne songeais plus qu'à cette longue vie,
Journée au beau midi qu'un beau soir a suivie,
Toute vouée aux saints travaux de la beauté ;
A ce respect de l'art, à cette probité

Qui, méprisant en paix le vain succès qui passe,
Malgré le sort chanceux, n'a jamais été lasse;
A ce calme dédain de l'envieux méchant
Dont par moments la voix aigre couvrit son chant;
Surtout à ce besoin de prodiguer son âme
Qui jusqu'au bout, en lui, veilla comme une flamme.

HAYDN (Joseph)

1732-1809

Grande et belle figure que celle de Haydn, dont on a récemment fêté le centenaire, et que le passé fait rayonner au lieu de l'assombrir! L'initiateur de notre orchestre symphonique, sous l'inspiration duquel l'harmonie prit un plus libre essor, nous apparaît en effet comme un vénérable et glorieux ancêtre de la musique moderne, dont il entrevit les richesses et guida les premiers pas dans sa marche triomphale.

Le joli tableau qu'évoque l'enfance du maître! Dans le charme paisible et songeur de la campagne, aux sonneries des cloches du dimanche, le jour de repos scrupuleusement observé, sur le seuil d'une demeure dont l'humilité sourit au soleil et aux fleurs, une femme chante, accompagnée par son mari sur la harpe. Auprès d'eux, les yeux brillants, le cœur en fête, un enfant, avec une baguette de bois, bat la mesure, ouvrant sa petite âme à l'harmonie qui soulève et fait vibrer tout son être. Cet enfant, c'est Joseph Haydn ; et les musiciens, son père et sa mère, l'un charron, l'autre cuisinière.

Un de ces concerts improvisés décida de la destinée de l'auteur de la *Création*. (Il est d'ailleurs curieux de constater dans l'existence des grands hommes à quels fragiles incidents tient souvent leur vocation.) Un parent de Haydn, instituteur à Haimbourg, agréablement surpris de la maëstria avec laquelle cet enfant de cinq ans battait la mesure, l'emmena chez lui et lui donna les premières notions de musique. C'est là que Reuter, maître de chapelle à la cathédrale de Vienne, alors en quête de choristes, le rencontra et, ravi de sa jolie voix, le promut aussitôt à la dignité d'enfant de chœur.

Heureux jours d'enthousiasme et d'innocente ferveur ! Dans la cathédrale mystique et profonde aux mille échos recueillis, toute l'âme de l'enfant montait à ses lèvres ; et les chants, soutenus par l'harmonieuse prière des orgues, s'élevaient comme des voix séraphiques vers les voûtes, et par delà les voûtes vers le ciel.

Toute la vie de Haydn refléta cette aurore. Une paix religieuse descendit en lui, pénétrant tout son être, et l'artiste, tout en gardant son individualité, s'absorba dans le chrétien. Lorsque plus tard l'inspiration lui faisait défaut, il prenait son rosaire et l'égrenait :

« Ce moyen, disait-il, m'a toujours réussi. »

Foi touchante et admirable que l'âme moderne si terriblement tourmentée, ne connaît plus guère ! A contempler un tel état d'esprit, il semble qu'un souffle de pieuse douceur, venu de très loin, vous rafraîchisse le cœur.

Il était bien de son époque, lui aussi, ce sentimental perruquier, Joseph Keller, qui, simplement parce qu'il avait été séduit par sa belle voix entendue à la cathédrale, recueillit Haydn chassé pour une futile espièglerie et lui offrit le gîte et le couvert (ce charmant et curieux épisode a été mis à la scène par M. Cavissan dans la *Jeunesse de Haydn,* opéra-comique joué à Paris en 1889). Il n'en fallait pas davantage au jeune musicien pour le satisfaire; et il accueillit cette période de dénuement avec une philosophie d'autant plus souriante, qu'elle était imprégnée de résignation chrétienne. De même il erra, sans y rien perdre de sa tranquillité d'esprit, à travers un interminable dédale de difficultés avant de parvenir au seuil de la gloire.

Ce fut un beau jour pour Haydn que celui où il fut nommé maître de chapelle chez le prince Esterhazy, qui s'était enthousiasmé à l'audition d'une de ses œuvres. A vrai dire, cette situation, qui fut celle de beaucoup de maîtres de l'époque, n'était pas aussi brillante qu'on pourrait le supposer. Un maître de chapelle, dans les maisons princières, était regardé simplement comme un peu au-dessus des domestiques (le « bon vieux temps » avait ses revers). Du moins, le compositeur se trouvait-il délivré de tout souci matériel.

Dès lors, pas plus que les peuples heureux, Haydn n'a d'histoire. Sa vie s'écoule dans une douce uniformité, tristement, mais passagèrement interrompue par sa séparation d'avec sa femme, Anne Keller, la fille du bon perruquier, son hôte d'autrefois, qu'il avait épousée, et dont il ne pouvait supporter le caractère, à la vérité insupportable.

Haydn put jouir de son vivant, — privilège bien rare, — de toute sa gloire. L'exécution de son oratorio de la *Création,* chez le prince Lobkowitz, fut une apothéose. Lorsqu'il se montra dans la salle où était réunie l'élite viennoise, les acclamations enthousiastes montèrent et l'enveloppèrent, et le vieux maître, pleurant de joie, se trouva, comme a dit un poète, porté en triomphe sur tous les cœurs.

De pareilles scènes se renouvelaient. Voici, en effet, les charmants détails que je cueille dans le numéro du 3 avril 1808 d'un journal français, le *Journal de l'Empire* (aujourd'hui le *Journal des Débats*), où il est rendu compte d'une audition de la *Création* à l'Université de Vienne : « L'illustre auteur avait été invité à cette brillante réunion. Dès qu'il parut, les applaudissements furent si vifs et si unanimes, que M. Haydn, sensible à cet éclatant témoignage d'estime, ne sut remercier autrement la société qu'en répandant des larmes. Les dames et les cavaliers lui présentèrent un fauteuil, l'environnèrent de toutes parts, et comme, au milieu du concert, il parut avoir froid, les plus jolies femmes le

Joseph Haydn assistant à l'exécution de son oratorio, la *Création*, chez le prince Lobkowitz.

couvrirent à l'instant de leurs châles, ce qui mit le comble à l'attendrissement du respectable vieillard. »

Seul un artiste d'âme aussi lumineuse pouvait faire des chefs-d'œuvre d'oratorios tels que les *Quatre saisons* et la *Création*. On se représente sans peine Haydn écrivant ces partitions en habit de cour et l'anneau de Frédéric au doigt, ainsi que ce grand travailleur en avait l'innocente manie. Elles renferment beaucoup de parties descriptives qu'on a tantôt louées, tantôt critiquées, et qui, à vrai dire, méritent tour à tour l'éloge et la critique : tout d'ailleurs se confond dans l'enchantement et la réelle grandeur de l'ensemble.

Ses symphonies, au nombre de cent dix-huit, dont une vingtaine seulement sont connues en France, forment la partie principale de son œuvre, d'autant mieux que le plan définitif de ce genre de composition vient de lui. Il a composé aussi plusieurs opéras oubliés, beaucoup de musique de chambre (quatuors, trios, sonates), des menuets, des concertos, etc., et de la musique d'église, où il faut citer les *Sept paroles du Christ*.

Le grand mérite de Haydn, qui procède lui-même de Bach, est d'avoir libéré l'orchestre des entraves de l'époque et préparé les voies à notre instrumentation moderne.

« Sous l'influence des maîtres mélodieux de l'école napolitaine, dit M. Gevaërt, il a substitué au contrepoint serré de ses devanciers allemands des formes musicales plus légères; il s'est affranchi de l'accompagnement importun de la basse continue; il a commencé à utiliser chaque instrument d'une manière mieux appropriée à ses aptitudes techniques, à son caractère expressif. »

Ainsi l'existence du maître fut elle-même, sauf les variations du début, une sorte de longue symphonie de labeur et de paix aux radieux accords, qui se déroula noblement et ne s'éteignit que dans l'immortalité.

Et tel aussi nous apparaît son œuvre. Bien loin de connaître les élans dramatiques d'un Beethoven ou les envolées désolées d'un Schubert, Haydn n'a même pas les accents souvent passionnés de Mozart. Est-ce surprise de nos âmes contemporaines habituées à plus de profondeur? Sa musique, il faut l'avouer, nous paraît un peu vieillotte; mais cette impression même a sa saveur. Et quelle limpidité d'harmonie, quelle clarté de mélodie, quelle netteté d'expression, surtout dans ses admirables quatuors! A entendre ces chants, il semble que, entre le ciel et la terre, sur de lointains sommets ensoleillés, on respire un air léger, aux parfums discrets, aux effluves frais et suaves.

Heureux les grands artistes dont une auréole de calme et de pureté couronne ainsi la vie et le génie! Jusque dans la mémoire des hommes ils reposent en paix; et le murmure infini de la gloire, comme les vagues d'une mer sereine, berce, sans jamais l'agiter ni le meurtrir, leur immortel souvenir.

MOZART (Wolfgang)

1756-1791

Le divin Mozart : telle est l'appellation glorieuse de l'auteur de *Don Juan*. Malgré ce qu'elle a nécessairement d'hyperbolique, elle est passée à la postérité ; et en ce bas monde où les hommes et les choses n'ont de beauté que dans la mesure où ils reflètent la divinité, c'est le plus grand éloge qu'on puisse faire d'un artiste.

Les débuts de Mozart sont légendaires. Dans cet art de la musique qui se distingue surtout des autres en ce qu'il n'atteint l'âme qu'après avoir ébranlé les sens, beaucoup de grands compositeurs, — nous le voyons dans ces études, — ont été, plus ou moins, des enfants-prodiges. Mais tous sont surpassés par Mozart, qui à trois ans, attiré par le clavecin, promenait ses petits doigts sur les touches, ravi lorsqu'il parvenait à en tirer des accords. A cinq ans, si invraisemblable que cela puisse paraître, il composait un concerto; à sept ans, des sonates. Son père, Léopold Mozart, alors second maître de chapelle du prince-archevêque de Salzbourg, émerveillé des dispositions de son fils, le regardait comme un trésor que Dieu lui avait confié ; et, tout imprégné de cette pensée, il se dévoua corps et âme à son éducation musicale.

Comment d'ailleurs n'eût-on pas aimé le délicieux bambin que rien n'enorgueillissait, qui, entre deux compositions, mettait sa joie à faire des cabrioles, et en toutes circonstances charmait par sa sensibilité exquise tous ceux qui l'avaient d'abord admiré ?

Une anecdote est demeurée célèbre entre toutes. Admis à la cour de l'empereur d'Autriche, où on le choyait à l'envi, le petit Wolfgang tomba un jour en traversant une galerie. L'archiduchesse Marie-Antoinette, plus tard l'infortunée reine de France, se précipita pour le relever :

« Vous êtes bonne, lui dit l'enfant. Si vous voulez, je vous épouserai ».

Et toute la cour de rire et d'applaudir.

C'est alors que s'accomplit le voyage unique et triomphal d'un enfant de sept ans à travers l'Europe. Léopold Mozart voulait montrer au monde ce prodige.

La Belgique le vit la première, puis la France. Le minuscule virtuose promena de Paris à Versailles son talent et ses grâces. Beaucoup connaissent la jolie gravure, exécutée à ce moment par M. de Carmontelle, qui le représente assis au piano, tandis que son père l'accompagne au violon et que, à sa gauche, chante sa sœur Nanette, aussi humble que charmante. L'enfant souriant, aux joues roses, aux cheveux poudrés, à la voix flûtée, fit les délices de la cour : monseigneur Wolfgang, comme on l'appelait, fut même admis, — faveur inouïe, — au grand couvert du roi.

Comme j'aurais plaisir à reproduire, si je ne craignais de m'attarder, le tableau que l'honnête bourgeois qu'était le père de Mozart, légèrement désorienté, ébauche dans ses lettres de la cour et de la capitale! Voici du moins quelques traits de la description ravissante que nous fait M. de Fourcaud d'une soirée donnée chez le prince de Conti :

« Ici, c'est la maréchale de Luxembourg, en robe de satin blanc à fourrures qui cause avec la maréchale de Mirepoix, en fichu de mousseline et la fanchon sur la tête. Là, se pressent Mme de Vieuville en pelisse bleu de ciel, Mlle de Boufflers en rose pâle, Mlle Bagorotti en blanc et cerise... Et c'est Mme de Beauvau en violet tendre, et la comtesse d'Egmont en bergère d'opéra, et dix autres en atours non moins gracieux, avec le prince d'Hénin, le comte de Chabot, le comte de Jarnac, toute la légion des hommes qu'on cite pour leur esprit, qu'on prise pour leur finesse, qu'en recherche pour leur savoir-vivre.

« Regardez là-bas, au clavecin, cet enfant à demi perdu dans un fauteuil... Faites silence! Le petit bonhomme laisse courir ses doigts sur le clavier. D'un concerto hérissé de traits, il passe à un menuet d'une grâce légère, à une fugue bien serrée de trame, à une fantaisie en forme de lied, d'une poésie riante et rêveuse. Sur aucune idée, il ne reste à court de variations... »

De Paris, voici Mozart à Londres : même bienvenue, mêmes cadeaux, mêmes faveurs. Enfin son voyage en Italie, d'où il revient à quinze ans chevalier de l'Éperon d'Or et membre de plusieurs académies, couronne superbement ce magnifique tour d'Europe.

Mais de ce jour s'assombrit sa vie jusqu'alors lumineuse. A son retour en Autriche, il n'obtint pas de ses concitoyens l'accueil qu'il était en droit d'espérer et se heurta à mille difficultés autant qu'aux jalousies de ses rivaux.

De nouveau il s'exile et revient à Paris. Mais il avait cessé d'être un phénomène; et les Parisiens, pleins d'enthousiasme pour l'enfant merveilleux de jadis, n'eurent que de l'indifférence pour ce génie de vingt ans. De désillusions en déboires, poursuivi par la gêne, Mozart qui, comme plus tard Wagner, se voyait confier à grand'peine des besognes indignes de lui, en fut réduit à retourner en Autriche.

Là, une éclatante réparation l'attendait. La représentation d'*Idoménée,* puis celle de l'*Enlèvement au sérail,* pièces déjà remarquables, firent rayonner d'un plein éclat le nom de Mozart.

Toutefois ce succès, en lui donnant la renommée, ne lui apportait pas la fortune, tant à cette époque l'art était peu rémunérateur. Il venait d'épouser la sœur

Mozart (Wolfgang).

d'une actrice de grande beauté, qui, incapable elle-même d'admirer la beauté de cette âme d'artiste, avait repoussé ses offres. Et le jeune ménage se voyait dans une situation assez précaire.

Le croirait-on? Mozart fut persécuté jusqu'à sa mort

par des embarras d'argent. O petitesse des grands de ce monde ! Il ne se trouva pas, parmi les privilégiés de la fortune, un homme assez généreux, — j'allais dire assez sensé, — pour faire hommage d'un peu de son or au génie malheureux, et donner ainsi le plein essor à cet esprit inspiré, toujours prêt à prendre son vol.

Cependant Mozart ne laissa pas se briser ses ailes meurtries. Comme tant d'autres artistes, il se sentait redevable de ses dons envers l'humanité. Son âme noble et courageuse soutint son génie. Les assertions du critique Blaze, qui tendent à le montrer joueur et dissipé à la manière d'Alfred de Musset, sont loin d'être suffisamment fondées ; et le seraient-elles, que ces façons d'agir n'auraient jamais été que passagères. Quoi qu'il en soit, son inspiration coule sans trêve, abondante et pure.

C'est alors qu'il compose, outre *Cosi fan tutte* et la *Clémence de Titus*, *Don Juan*, les *Noces de Figaro* et la *Flûte enchantée*. Trinité radieuse de chefs-d'œuvre : l'un d'une magnificence émouvante et d'une étonnante vérité d'expression, l'autre d'une exquise distinction et d'une suavité souriante, le troisième d'une gracieuse limpidité et d'une magistrale orchestration.

Toutes ces qualités se retrouvent d'ailleurs, et bien d'autres encore, dans l'œuvre de Mozart, musicien classique par excellence, auteur de plus de six cents morceaux. Il est d'ailleurs remarquable que, à l'encontre des autres compositeurs qui ont triomphé dans un ou plusieurs genres, Mozart est admirable en tous : musique de chambre, où sa manière découle de celle de Haydn ; musique dramatique, symphonies, oratorios, cantates, lieder ; musique religieuse, où ressortent le fameux *Ave verum* et le *Requiem*.

Parmi tous ses émules, ce Raphaël de la musique, comme on l'a appelé, donne l'idée de la mesure et du goût ; mieux que cela, de la perfection, cette perfection que l'homme (et c'est là sa noblesse et sa souffrance) ne peut atteindre, mais dont il peut approcher jusqu'à l'effleurer.

« Mozart, a dit Amiel, c'est la liberté intérieure, l'équilibre entre l'aspiration et la force, la souveraineté de la grâce maîtresse d'elle-même, l'harmonie merveilleuse et l'unité parfaite. Sa musique évoque la pureté de la lumière et de l'océan bleu ; son âme habite les cimes éthérées d'un Olympe. »

Cette sérénité même fait que Mozart, qui, comme mélodiste, se relie à l'école italienne et aussi à Glück par la sincérité de l'expression, n'est pas, ainsi que Beethoven, un remueur d'âmes, mais un enchanteur. L'art de Beethoven est grandiose, l'art de Mozart est grand ; autant la musique du premier, comme un crépuscule d'été, est ardente et parfois orageuse dans sa splendeur, autant celle du second, telle une aurore de printemps, est fraîche et vierge dans sa beauté. L'un a fait vibrer et retentir son cœur ; l'autre l'a laissé simplement chanter ; mais de ce cœur sensible et sonore, comme d'une harpe aux échos infinis, se sont élevés si haut des chants si merveilleux, qu'ils planeront à jamais sur l'âme humaine.

La mort de son père qu'il adorait trancha les liens qui retenaient à la vie Mozart, déjà atteint d'une maladie de poitrine. De ce jour il se laissa envelopper par l'idée de sa fin, qui lui était familière. Un événement assez banal vint en outre influencer son esprit : il reçut à plusieurs reprises la visite d'un inconnu vêtu de gris, qui venait lui demander de composer un *Requiem*. Assez enclin à la superstition et alors en relations avec le fameux magnétiseur Mesmer, Mozart s'imagina que cet individu devait être un messager de la destinée, alors qu'il était simplement un envoyé du comte Walsegg, désireux de voir le grand musicien composer un *Requiem* à la mémoire de sa femme.

Le corps affaibli par le mal, l'âme comme ensevelie dans les inspirations de son *Requiem*, Mozart, à trente-six ans, accueillit la mort avec une douceur et une résignation touchantes.

« Je remercie Dieu, lit-on dans une de ses lettres à son père, de m'avoir accordé la grâce de reconnaître la mort comme la clé de la véritable béatitude. Je ne me couche jamais sans penser que, tout jeune que je suis, je puis ne pas me relever le lendemain; et cependant aucun de ceux qui me connaissent ne peut dire que je sois morose. »

C'est là le signe auquel se reconnaissent les âmes élues que les épreuves ont déjà élevées au-dessus de la terre, et qui n'ont que peu d'efforts à faire pour s'en détacher tout à fait.

Ainsi, en Mozart, l'homme est aussi digne de respect que l'artiste est admirable : l'âme transparaît à travers la clarté du génie, comme le génie reflète la pureté de l'âme. Une harmonieuse lumière auréole son souvenir; et dans le ciel de la musique où tant d'astres se révèlent, rayonne, limpide entre toutes, l'étoile du divin Mozart.

MÉHUL (Étienne-Henri).

1763-1817

Méhul! Ce nom ne résonne-t-il pas comme une harpe éolienne? Il évoque un art coulant et chantant qui, sauf dans certains grands airs du maître, toujours jeunes de l'immortelle jeunesse des chefs-d'œuvre, nous semble quelque peu antique, comme la célèbre mélodie *Femme sensible*, amoureusement modulée par nos grand'mères, — chères romances d'antan que nous écoutons avec un respect attendri, comme la voix d'aïeux calmes et doux!

Tel aussi nous apparaît Méhul, l'un des fondateurs de l'école française : figure d'un charme un peu effacé, mais où passe, sous la pâleur du front, dans la lumière des yeux qui regardent très haut, l'éclair du génie.

Sa nature était heureuse comme son inspiration, et sa vie fut harmonieuse comme son art.

L'auteur de *Joseph,* qui vint au monde et à la musique dans une petite ville des Ardennes, était, très simplement, le fils d'un cuisinier qui devint, ô merveille! inspecteur des fortifications de Charlemont (la renommée de son fils, lui fut, n'en doutons pas, d'un grand secours). La précocité du grand artiste fut extraordinaire et sa vocation irrésistible : à dix ans, il tenait l'orgue du couvent des récollets de Givet.

Ayant un jour, divine extase, entendu au monastère de la Val-Dieu l'organiste Wilhelm Hauser, dont la renommée était universelle, il fut pris d'un désir terrible de devenir son élève; et l'abbé, touché des supplications de l'enfant, lui accorda généreusement l'hospitalité. Jours délicieux, coulés dans une retraite embaumée de paix et de fleurs, vous deviez laisser sur toute la vie de Méhul une empreinte d'exquise douceur! Dans le site ravissant où chantaient en silence les harmonies de la nature, parmi les accords prodigieux des orgues, le rêve de l'âme adolescente se dilatait, grave et pur, avant de s'exhaler en des chants immortels.

Ce fut un hasard qui l'arracha à cette oasis. Le colonel d'un régiment en manœuvres, de passage à Givet, le remarqua, et n'eut pas de peine, en faisant briller aux yeux du jeune homme le mirage de Paris et de la gloire, à l'emmener. Presque aussitôt Méhul fut présenté à Glück, qui lui fit le meilleur accueil et l'initia à son art. Il resta toujours son disciple, et tout ce que nous avons dit de l'art du maître s'applique à celui de l'élève; mais, loin de n'être qu'un imitateur, celui-ci possède une originalité puissante, et le rayonnement de son génie a son foyer dans une inspiration toute personnelle.

L'auteur d'*Orphée* lui avait conseillé d'écrire pour le théâtre. Presque aussitôt il put savourer les premières joies de la renommée, grisantes comme l'arome des premiers lilas. *Euphrosine et Coradin*, puis *Stratonice,* cet opéra tout fleuri de mélodies tour à tour gracieuses et vibrantes, furent chaleureusement accueillis.

Et puis Méhul était, comme ses œuvres, si charmant! De manières simples et d'exquise élégance, il attirait à lui tous les cœurs par son affabilité, reflétée dans la flamme magnétique du regard et le sourire de tout le visage limpide et noble. Et quelle conversation étincelante, où la voix grave avivait encore l'enchantement de l'esprit! Méhul avait une façon à lui de narrer des contes fantastiques, qui faisait se dilater les yeux et courir le frisson dans les veines. Aussi était-ce une fête que l'arrivée du maître dans un salon.

Qu'on n'aille pas croire cependant que le grand compositeur eût rien d'un dandy. Il recélait en lui des énergies qui éclatèrent dans le *Chant du départ,* destiné aux armées de la Révolution, et qui souleva un splendide enthousiasme. Il peut soutenir la comparaison avec l'admirable *Marseillaise :* celle-ci, plus vigoureuse, chant de la fougue qui se jette au danger dans une ivresse; celui-là plus élevé, hymne de l'héroïsme tranquille qui regarde la mort en face. Aujourd'hui encore, lorsque, dans les ports de guerre, au départ de marins ou de soldats coloniaux, le navire qui les emporte, glissant lentement sur l'eau, passe entre les vaisseaux de l'escadre, toutes les musiques à bord entonnent le *Chant du départ;* et l'harmonie monte, large et puissante, sur la mer, vers les horizons lointains, comme un suprême adieu de la patrie. C'est triste et beau à pleurer, — et l'on pleure.

Les voix qui avaient acclamé le *Chant du départ* s'unirent d'un seul élan pour huer à l'Opéra la *Chasse du jeune Henri*. O stupidité des passions politiques! il n'était pas permis en ce temps-là (1797) de figurer sur la scène française un roi de France, et le rideau dut se baisser devant l'indignation générale. Mais on redemanda trois fois l'ouverture, ce chef-d'œuvre d'expression et de sonorité.

Cette mésaventure n'empêcha pas le maître d'être nommé inspecteur du Conservatoire, avec Gossec et Martini. Bien loin de ne voir là, comme certains artistes fonctionnaires, qu'une sinécure aimablement rétribuée, il remplit cette charge avec un zèle touchant et y exerça, par l'ascendant de son caractère, une influence bienfaisante.

C'était une belle âme que Méhul, âme d'élévation,

de loyauté et de bonté. Sévère pour soi et indulgent pour les autres, selon l'admirable maxime, il prit, pour traverser la vie et la gloire, le grand chemin clair et large et le suivit sans même jeter les yeux vers les sentiers sournois par où l'on s'égare. On le savait d'amitié fidèle et d'inépuisable bienveillance ; aussi venait-on à lui de toutes parts. Ses élèves l'admiraient, ses amis l'estimaient, le public le respectait; tous l'aimaient, et l'étreinte de cette main si cordialement tendue réchauffait les cœurs. Il faisait mieux : sans attendre qu'on lui demandât son aide, il allait au-devant du bien et s'y donnait de toutes ses forces.

Un nuage pourtant flotte en ce ciel bleu, mais sans le ternir. Méhul aimait trop la gloire : le succès l'enivrait, les acclamations le grisaient, et les louanges qui allaient aux autres ne lui étaient point agréables. Mais on lui pardonne avec joie un défaut dont il s'accusait lui-même avec une humilité touchante :

« Il est une faiblesse, disait-il un jour en dînant chez M. Saint-Prix, dont je ne saurais me défendre et que je combats vainement. Je ne crois pas être envieux, et pourtant les succès des autres me font mal. Je l'avoue pour l'expier en le disant. »

Cher et bon maître! on l'aime encore davantage de confesser ainsi les misères humaines que l'on met tant de soin à cacher. Briser ainsi son orgueil, c'est la marque d'une grande âme. Qui d'ailleurs se serait douté

Méhul (Étienne-Henri).

de ce sentiment, à le voir si accueillant, si heureux de rendre service à ses rivaux? Ce fut lui qui abrita de l'infortune les derniers jours de Monsigny et guida les premiers pas de Boïeldieu, étendant à la fois sa sollicitude sur le jeune homme et le vieillard; ce fut lui encore qui renonça au titre de maître de chapelle de l'empereur, parce que celui-ci refusait de le lui laisser partager avec Cherubini.

Méhul avait autant d'esprit que de cœur et savait au besoin user de mystification : il le fit bien voir à Napoléon, alors premier consul, qui affectait de n'aimer que la musique italienne du temps, vive et entraînante. Après *Ariodant,* son œuvre de prédilection, il fit jouer, sous le nom de Fioretti, l'*Irato,* cette petite merveille de verve dont la composition à l'italienne, tout à l'opposé de son genre, est de sa part un tour de force. Bonaparte prodigua naturellement ses applaudissements, et l'on juge de son dépit quand l'acteur vint jeter au public le nom de Méhul.

Enfin vint *Joseph.* On était en 1806. La musique en était trop puissante pour les amateurs français de l'époque : ils en furent comme écrasés, et l'œuvre fut accueillie sans passion. Mais depuis elle a fait, avec ses airs célèbres, le tour du monde.

« La beauté des œuvres de cet ordre, a dit Weber, ne se prouve point. C'est une fresque musicale que cette partition un peu grise de tons, mais d'un pathétique, d'une pureté de dessin et de composition à tout défier. »

Soutenue par une orchestration un peu restreinte, mais si limpide, et un style d'une austère magnificence, la splendeur religieuse de *Joseph* lentement s'exhale, monte, et de ses larges ailes s'envole et plane en plein éther, en plein soleil.

Méhul est un génie bien français en son énergique précision; et Wagner, — cela est à noter, — l'avait en grande admiration. Bien qu'il ait cultivé presque tous les genres, sa musique est avant tout scénique; on lui a même reproché d'abuser de l'effet. Elle a la noblesse, la puissance, l'ampleur vibrante qui emporte l'âme de la foule dans une admiration unanime; mais elle a aussi la profondeur d'expression qui émeut intimement jusqu'aux larmes. Jamais, selon la psychologie musicale de Glück, le sentiment ne s'est fondu plus entièrement dans l'inspiration pour rejaillir dans l'expression avec plus de clarté, d'intensité, de vérité.

Cet art a la douceur des forts. Parfois le chant de Méhul s'élève aussi discrètement tendre, aussi gracieusement suave que celui de ces oiseaux, — des rossignols sans doute, — dont parle la fameuse romance d'*Ariodant* :

> Femme sensible, entends-tu le ramage
> De ces oiseaux qui gazouillent leurs feux?

Les dernières années de Méhul furent moroses. Les succès de Spontini avaient déjà jeté une ombre sur sa gloire, quand une maladie de poitrine vint lui voiler toute la vie. Il tomba dans une mélancolie profonde. Seules le rassérénaient les heures fréquentes passées dans ce salon de la rue de Provence dont la charmante Mme Kreutzer, femme du célèbre compositeur, qui fut pour le maître une amie exquisement dévouée, aimait lui faire les honneurs. Il savait y trouver, non la banalité d'hommages mondains, mais l'attrait d'intimes sympathies.

Il fut bientôt assez malade pour se rendre dans le Midi, à Hyères. Mais là, dans une solitude qu'éclairait en vain le délice de la lumière et des parfums, il sentit peser sur lui un lourd manteau d'ennui; sa nature aimante avait plus besoin d'affection que de soleil.

« L'air qui me convient le mieux, écrivait-il à ses collègues de l'Institut, est celui que je respire au milieu de vous. »

N'y tenant plus, il revint habiter aux environs de Paris une maison de poète dont il cultivait amoureusement le jardin. C'est là, entre ses fleurs qui lui souriaient et ses amis qui le consolaient, que la mort, dans une lassitude paisible, vint l'endormir.

Au soir des claires journées de printemps, quand le soleil s'incline en pâlissant les fleurs, ces fleurs que le maître chérissait, on en voit qui, ayant épuisé leur parfum, penchent la tête pour mourir. Et cet adieu à la vie qui leur fut lumineuse est si touchant de mélancolie, qu'on les en aime avec plus de tendresse... L'âme de Méhul est une de ces fleurs...

BEETHOVEN (Louis van)

1770-1827

Il semble à première vue que ce nom de Beethoven, « ce Michel-Ange de la musique, » comme on l'a appelé, nous ramène dans le passé. Mais, outre que les œuvres des grands maîtres sont de tous les âges, on pourrait presque dire que la musique de Beethoven est plus moderne que classique, en ce sens qu'elle exprime les passions humaines avec toute la liberté et l'originalité d'un génie que rien n'entrave.

Un peu d'obscurité enveloppe les débuts de l'auteur des *Symphonies*. D'après l'opinion généralement admise, le jeune Beethoven répugnait aux premières études, à ce point que son père devait user envers lui de violence; mais dès qu'il eut pénétré le langage de la musique, il s'y passionna si entièrement, qu'on fut obligé au contraire de maîtriser son ardeur. En tout cas il était, à douze ans, un étonnant virtuose et excitait l'admiration de Mozart lui-même. Ainsi se révélait déjà la fougue de tempérament qui est le trait dominant de cette physionomie saisissante et d'où vient l'impétuosité de son génie, débordant parfois comme un fleuve entraîné hors de ses rives.

De bonne heure, Beethoven fut admis dans la société de familles nobles et riches, où il fut choyé et gâté à l'envi. Une telle éducation ne convenait peut-être pas exactement à l'enfant; et il est permis de croire que ce détail ne fut pas étranger au caractère, disons-le nettement, insupportable du grand compositeur, et qu'on lui pardonna d'ailleurs toujours en faveur de son génie.

Un trait montrera jusqu'où allait son... aménité. Le prince Lichnowski, un des Mécènes de Beethoven, ordonnait un jour à son valet de chambre, lorsqu'il s'entendrait appeler simultanément par Beethoven et par lui, de servir d'abord l'artiste. Ces paroles lui étant parvenues, loin d'en être touché, Beethoven se donna un domestique à lui seul.

Dans le même ordre d'idées, un critique érudit, Blaze de Bury, raconte, dans un ouvrage intitulé *Gœthe et Beethoven,* quelle fut la déception de Gœthe, reçu sans aucun enthousiasme par le compositeur qu'il avait tenu à aborder, malgré les objurgations de ses amis. Le poète, dont l'orgueil n'était pas le moindre défaut, en garda toujours rancune à « cet intraitable personnage », comme il l'appelait, allant même jusqu'à contester le mérite de ses œuvres :

« Cela ne m'émeut pas, disait-il un jour à Mendelssohn, qui lui jouait le premier morceau de la symphonie en *ut mineur,* cela m'étonne ; c'est seulement grandiose. »

Appréciation qui serait en vérité étrange, si elle était sincère.

Il eût fallu, il est vrai, dire d'abord à la décharge de Beethoven qu'il fut atteint, dès sa vingt-septième année, de la plus effroyable épreuve qui puisse assombrir l'existence d'un musicien : presque subitement il devint sourd. Or, être sourd, c'était pour le compositeur être privé à jamais de l'ivresse de la musique et enfin, — chagrin suprême, — être condamné, après l'éblouissement de l'inspiration, à ne jamais jouir de la réalisation de ses rêves.

Les musiciens aveugles ont une compensation : comme leurs impressions ne se dissipent pas par les yeux, ces « fenêtres de l'âme » qui sont trop souvent ouvertes, l'harmonie pour eux acquiert sa plénitude d'expression et baigne tout leur être d'ineffables délices. Presque toujours le rayonnement secret de leur cœur, ne pouvant animer leur regard, se reflète dans leur sourire. Élevés au-dessus de la terre qu'ils ne voient plus, vivant d'une vie aussi ardente et plus douce que la nôtre, ils semblent presque heureux. La surdité, au contraire, est pour un musicien l'image de la mort, et l'on comprend la détresse de Beethoven quand il se rendit compte que son mal était incurable, détresse si noire qu'à plusieurs reprises il fut tenté de se suicider.

« O hommes, s'écriait-il lui-même dans son navrant testament, vous qui me croyez haineux, intraitable, misanthrope, et me représentez comme tel, vous ne me rendez pas justice ! vous ne connaissez pas les raisons secrètes qui font que je vous parais ainsi... O Divinité, tu vois dans mon cœur, tu le connais, et tu sais que l'amour du prochain et le penchant au bien y tiennent une grande place. Mais, vivant toujours seul, je ne puis me faire admettre dans la société, et je suis comme un banni... L'espérance m'abandonne complètement. »

Il lui fallut le sentiment de son génie pour le soutenir dans cette agonie morale. Il se donna corps et âme à son art. Sa puissance de travail était du reste extraordinaire : il s'absorbait dans ses compositions jusqu'à y oublier sommeil et nourriture, et se livrait tout entier aux caprices de son inspiration.

On a gardé le souvenir d'une anecdote plutôt amusante, mais qui ne l'était guère pour les acteurs de cette scène. A la veille de la représentation de *Fidelio,* cet opéra où le maître semblait devancer l'avenir en sacrifiant les parties mélodiques à l'orchestration, Beethoven avait promis d'apporter au dernier moment l'ouvrage enfin achevé. L'orchestre ayant été convoqué le matin du grand jour et le compositeur n'arrivant pas, un de ses amis, impatienté, se décida à se rendre chez lui : il le trouva profondément endormi, enfoui sous un

Beethoven (Louis van).

monceau de feuillets de musique qui couvraient son lit et le sol de la chambre : Beethoven, oubliant *Fidelio*, venait d'écrire pendant la nuit l'ouverture de *Prométhée*, ce ballet héroïque qui est en même temps une magnifique symphonie.

Nulle âme de femme ne vint adoucir l'âme ulcérée du

grand homme. Il n'eut qu'une vraie passion, malheureuse et déçue, et il est aisé de retrouver dans sa musique l'écho, prolongé à l'infini, des exaltations et des désespoirs qui bouleversèrent son âme à cette époque. En amitié il ne fut pas plus favorisé : il eut tout d'abord force difficultés avec ses deux frères; puis son neveu Charles, qu'il chérissait jusqu'à en avoir fait son fils adoptif, attrista sa vie par ses désordres. Ce fut même en le conduisant dans un régiment, la police ayant expulsé de Vienne le jeune viveur, que Beethoven contracta, dans une auberge où l'avait retenu le mauvais temps, une bronchite dont les suites l'emportèrent à cinquante-sept ans.

Sa mort fut splendidement chrétienne : il reçut les sacrements avec une piété touchante et voulut se réconcilier avec Himmel, son rival. Trente mille personnes suivirent son cercueil.

Ainsi, pas un rayon de soleil ne réchauffa le désert de cette vie. Seule l'étoile de son génie éclaira l'abîme de noir silence où l'artiste se trouvait enfermé par son infirmité. Mais de cette étoile jaillissaient de telles clartés, que l'humanité en reste éblouie.

L'histoire des œuvres de Beethoven se divise en trois périodes : la première, où il ne fait qu'élargir la manière de Mozart et d'Haydn, comprenant le premier concerto en *ut majeur,* les trois premiers quatuors, neuf sonates dont la *Pathétique,* divers trios; la seconde, où il est pleinement lui-même, inaugurée par la symphonie en *ré,* continuée par le *Christ au mont des Oliviers, Fidelio,* la *Symphonie héroïque,* la sonate en *fa majeur,* la messe en *ut majeur,* la symphonie en *ut mineur,* son chef-d'œuvre, la *Symphonie pastorale, Egmont,* la *Bataille de Vittoria,* etc.; la troisième, enfin, où le génie du maître n'est pas toujours égal à lui-même, et dans laquelle furent composées la *Missa solemnis* et la *Neuvième symphonie.*

Pas un œuvre musical n'égale en grandeur et en profondeur celui de Beethoven.

« La passion et l'effroi de l'infini, dit Amiel, paraissent le ballotter du ciel à l'enfer : de là son immensité. »

Lorsqu'on veut caractériser son génie, le même mot vient sous la plume et aux lèvres : prodigieux. Et si l'on évoque le maître, « ce Titan, a-t-on dit, qui n'avait qu'à frapper du pied la terre pour s'élancer vers le ciel, » il semble qu'une image colossale se dresse, se hausse encore et toujours, jusqu'à effleurer les nues. O passions du cœur et de la nature, rêves de l'homme et des choses, que de fois vous avez chanté dans le rythme de la poésie, les vibrations de l'harmonie ou le chaud rayonnement de la peinture! mais jamais vous n'avez tremblé, frémi, tressailli plus ardemment que dans cette musique grandiose où, jusque dans la majesté des inspirations les plus graves ou les plus hautes, se glisse une caresse ou coule une larme!

L'immense gamme de tous les sentiments de l'âme : la joie jusqu'au délire, la douleur jusqu'à l'angoisse, anime et remue, en la parcourant tumultueusement, l'œuvre de Beethoven. Tout s'y mêle, comme en la vie elle-même; puis, par instants, tout se calme; et alors s'élèvent, mystérieuses ascensions vers l'Amour, ces andantes, ces adagios si poignants, si doux, qu'ils semblent, en leurs plaintes humaines et leurs aspirations divines, des échos de sphères harmonieuses où se déroulerait une destinée supérieure.

Cette sorte de prophétie qu'il n'avait pas craint de faire sur sa musique, en disant que les hommes qui l'approfondiraient seraient délivrés de bien des tristesses d'ici-bas, s'est pleinement réalisée.

Un de mes amis, compositeur déjà renommé et qui adore son art, me disait récemment :

« Aux heures sombres que connaissent tous les artistes et les rêveurs, lorsque je me sens accablé sous une de ces mélancolies où le cœur est las et l'âme épuisée, je me mets au piano et je joue simplement l'*adagio* de la Sonate pathétique de Beethoven; et toujours je me suis senti élevé et consolé par cette lamentation sublime d'une âme qui semble pleurer de vivre devant une vision de l'infini. »

« Je ne veux pas quitter le monde, avait dit le grand artiste, avant d'avoir produit tout ce que je sens devoir produire. »

Parole admirable dont l'accomplissement, en le préservant d'un lâche suicide, sera l'éternelle gloire de Beethoven. Il a semé généreusement de la beauté parmi les hommes, ses frères, en leur donnant son génie et son cœur. Il s'est fait l'écho de leurs joies et de leurs ravissements, s'épanouissant et s'enthousiasmant avec eux ; et surtout il a apaisé, il apaise encore, en les réchauffant dans les étreintes des rêves harmonieux, les âmes glacées et désolées dont il fait pleurer la douleur muette et dont il fait chanter les larmes.

BOÏELDIEU (Adrien)

1775-1834

La musique de Boïeldieu se démode, il faut l'avouer. Et pourtant nul plus que lui ne devrait rester populaire chez nous, car le premier représentant de l'école romantique française est un des parrains de cet art clair et sincère, franc et spirituel, où chante, avec un sourire, l'âme de notre pays.

Son père était secrétaire de l'archevêché de Rouen. L'ombre étoilée de cierges de la merveilleuse cathédrale enveloppa l'enfant d'une mystique suavité, et là peut-être fut le foyer de cette douceur d'âme dont le rayonnement emplit toute sa vie. Dans l'intimité de sa paisible famille bourgeoise, il eût vécu heureux sans maître Broche, le chef de la maîtrise auquel ses parents l'avaient confié. Maître Broche était un méchant ogre qui ne dévorait pas les petits enfants, mais les traitait fort brutalement aux heures, hélas! nombreuses où ce musicien remarquable devenait un détestable ivrogne.

Le petit Boïel, comme on l'appelait, en fut si révolté dans sa candeur, qu'il se sauva tout simplement. Jules Janin a fait de cette petite odyssée un récit délicieux, où il montre l'enfant dormant la nuit au milieu d'un troupeau, sous l'étoile et la tente du berger. D'étapes en étapes, le frêle voyageur arriva... à Paris. Là il put constater que les quelques louis qu'il possédait, — fortune immense à ses yeux, — ne suffisaient pas à le faire vivre. Chassé de son hôtel, il allait, assez tranquillement, paraît-il, se jeter dans la Seine, quand il fut rejoint providentiellement par le domestique de son père. Mme Mollien, femme du comte Mollien, pair de France et ami de la famille, le recueillit alors et se fit la protectrice du jeune et déjà brillant virtuose. L'étoile du berger qui avait éclairé sa fuite lui avait porté bonheur.

A dix-sept ans, Boïeldieu fit représenter à Rouen, avec une hardiesse prématurée, un opéra, la *Fille coupable,* qui ne se ressentait que trop de sa parfaite inexpérience. C'était alors un jeune homme grand et fort, que rendaient charmant ses manières distinguées, sa physionomie aimable, sa jolie voix, sa conversation spirituelle, surtout son caractère d'une douceur qui n'avait d'égale que sa modestie.

Par un contraste séduisant, une indomptable vaillance

s'éveillait en lui devant l'épreuve. On était en 1793, date de terreur et de sang. Cependant, — et ce fait frappe tous ceux qui lisent l'histoire détaillée de la Révolution, — plaisirs ni affaires n'étaient interrompus, et la vie individuelle, à travers les visions de mort auxquelles véritablement on finissait par s'habituer, suivait assez naturellement son cours. Un jour, le célèbre chanteur Garat donnait à Rouen un concert : il venait de chanter une romance de son ami Boïeldieu, qui l'accompagnait au clavecin, quand le public demanda la *Carmagnole*. Garat, pâle, mais sachant qu'il y allait de sa tête, allait entonner l'abominable chanson qui poursuivait les victimes jusque sur l'échafaud, quand Boïeldieu se leva brusquement et, toisant la foule, sortit. Il dut s'enfuir la nuit suivante et se cacher sous une charrette pour rentrer à Paris.

Jusque-là, le jeune débutant connaissait plutôt l'art que la science de la musique. Il produisait d'exquises romances d'une fraîcheur moelleuse et d'une grâce veloutée, où s'épanchait sa rêverie souriante; mais il ne possédait pas les premiers éléments de la composition, moins encore l'entente de l'orchestration. Il prit conscience de son ignorance dans les conversations qu'il eut, chez Erard, avec les maîtres du temps : Kreutzer, Méhul, Cherubini, Jadin, et se jeta dans un labeur acharné dont le couronnement fut la représentation, à l'Opéra-Comique, du *Calife de Bagdad* et de *Ma tante Aurore*, cette petite merveille de joliveté dans son tour suranné. Les portes de la gloire s'ouvraient devant lui.

Ici se place, dans la vie de Boïeldieu, un événement ordinairement heureux qui en fut le malheur. Il faisait, à vrai dire, un choix singulier en épousant la danseuse Clotilde Mafleuroy, dont il aurait dû approfondir la nature plus que frivole. La vie à deux devint bientôt intolérable : pauvre grand et doux artiste, à qui il eût fallu l'enveloppement d'une fidèle et chaude tendresse et qui, en contact avec une âme étrangère, se trouvait plus solitaire que jamais! Boïeldieu, devant l'inconduite de sa femme, dut se résigner à la séparation; mais son âme sensible en fut brisée; et ne voulant pas rester en France, où tout lui rappelait son chagrin, il s'exila en Russie. Là, le tsar Alexandre lui offrit, avec une magnifique courtoisie, le poste envié de maître de chapelle, qu'il conserva pendant huit ans.

Mais l'atmosphère de la cour impériale était trop chargée d'encens, et le compositeur officiel s'y endormait sur ses lauriers. Il fallait l'air excitant de Paris pour le réveiller. A son retour, il trouva Nicolo confortablement installé au fauteuil de la renommée. En déloger ce redoutable rival n'était pas chose facile. Boïeldieu se mit à l'œuvre, et bientôt on vit naître, sous une inspiration renouvelée, nombre d'opéras parmi lesquels *Jean de Paris,* d'une charmante originalité; le *Nouveau seigneur du village,* le *Petit Chaperon rouge,* d'une si coquette fantaisie et d'une orchestration déjà plus colorée, et enfin, après sept ans de recueillement, la *Dame Blanche*.

La représentation de cette pièce marqua pour Boïeldieu l'heure du triomphe. Elle ravit les auditeurs par ses situations aimablement nuancées et son allure entraînante. L'enthousiasme fut indescriptible. A l'issue du spectacle, en pleine nuit, les artistes du théâtre, suivis du Tout-Paris des arts, reconduisirent le maître chez lui et donnèrent dans son salon une sérénade en son honneur. Ses jeunes disciples l'acclamaient à l'envi, et Rossini, qui habitait au premier étage du même immeuble et à qui Boïeldieu, ignorant la jalousie, avait voué une ardente admiration, était venu se mêler à l'ovation. Comme Boïeldieu regagnait sa chambre, il le complimentait encore du bas de l'escalier :

« Je suis dans le vrai, clamait-il, pas un de nous autres Italiens n'aurait écrit comme vous la scène de la vente.

— Allons, cher ami, fit Boïeldieu, je vois bien que je n'aurai pas raison aujourd'hui de votre obstination ; mais souvenez-vous, ajouta-t-il en montrant l'étage supérieur, que je ne suis jamais au-dessus de vous que quand je vais me coucher. »

Ce fut une fête charmante, où le triomphateur, le cœur épanoui, put jouir d'un bonheur sans ombre.

L'éclosion de la *Dame Blanche* est regardée comme

Boïeldieu (Adrien).

un événement dans l'histoire de la musique française. Toutes les qualités de Boïeldieu : inspiration ingénieuse et abondante, dialogues pleins d'aisance et de netteté, spirituelle délicatesse, sentimentalité discrète jusqu'en la passion, se dilatent radieusement dans cet opéra-comique, le modèle du genre, où abondent les morceaux connus : le chœur d'introduction, l'air de Georges : « Ah ! quel plaisir d'être soldat ! » le trio final du premier acte, la ravissante romance : « Pauvre dame Marguerite, » le trio : « C'est la cloche de la tourelle, » le poétique chœur : « Chantez, joyeux ménestrels, » etc.

L'art de Boïeldieu, un des plus mélodieux, ne donne pas l'extase musicale dans sa souveraineté. Mais il apparaît, dans la forêt harmonieuse des orchestrations grandioses, comme une clairière ensoleillée où il fait bon faire halte : l'âme s'ouvre, avec une joie d'enfant, à ce chant frais et clair qui jaillit comme une source et coule comme un ruisseau parmi les corbeilles de fleurs amoureusement cultivées de l'harmonie. C'est de Boïeldieu que le grand Weber a dit :

« Ce qui le place au-dessus de ses émules, c'est sa mélodie coulante et bien menée, le plan des morceaux séparés et le plan général, l'instrumentation excellente et soignée, toutes qualités qui désignent un maître et donnent droit de vie éternelle à son œuvre dans le royaume de l'art. »

L'auteur de la *Dame Blanche* était parvenu au sommet

de la prospérité. L'autre versant de sa vie fut âpre à descendre. Sa santé s'était usée dans le surmenage; l'enseignement, les répétitions, l'habitude qu'il avait de chanter en composant, altérèrent gravement sa voix. Bientôt il fut atteint d'une phtisie laryngée, mal impitoyable qui devait l'épuiser peu à peu jusqu'au dernier souffle.

A la maladie vint s'ajouter la gêne. Les mains et le cœur toujours ouverts, le maître ignorait l'économie. Comme Lamartine, — et qu'elles sont touchantes au fond, ces inconséquences des grands hommes dont l'âme, follement généreuse, devant la misère d'autrui oublie le pain de l'avenir! — il ne songeait qu'à répandre autour de lui le peu d'or qu'il possédait, surtout entre les mains des artistes malheureux. Aussi la Révolution de 1830, en lui retirant la pension que lui faisait le roi Charles X, le trouva-t-elle presque sans ressources.

Ses derniers jours se traînaient douloureusement. Du moins, après la mort de sa première femme, la trop fameuse Clotilde, il avait, en se remariant, trouvé dans « sa bonne Jenny », ainsi qu'il l'appelait, une compagne sérieuse dont l'affection dévouée lui adoucit les heures de souffrance et de pauvreté, comme aussi la présence de son fils Adrien qu'il adorait.

Et puis n'avait-il pas en lui le meilleur remède, sa tranquille fermeté? Comme il avait regardé passer la vie, il vit venir à lui la mort avec une impassible douceur. Pas plus que jadis à Rouen devant le spectre de la guillotine il ne trembla devant le lent épuisement, et l'ombre de la mélancolie ne fit qu'effleurer son sourire.

Pendant un voyage aux Eaux-Bonnes, conseillé par son médecin, se sentant plus mal, il se fit transporter à sa maison de campagne de Javey, près de Paris. C'est là qu'il s'éteignit paisiblement, les yeux fixés sur son fils dont il pressait la main, murmurant le nom d'Hérold, son disciple bien-aimé. De sa dernière parole, de son dernier geste, de son dernier regard tombait comme la dernière goutte du baume de tendresse qui avait rempli son cœur.

Boïeldieu fut aimé de tous ceux qui l'approchaient; il est aimé encore de ceux qui l'évoquent et le contemplent. Il semble que son âme douce et ses mélodies, douces comme son âme, aient répandu, par delà la tombe, un parfum de sympathie qui demeure. Et devant cette existence embaumée d'affectueuse mansuétude, une parole monte aux lèvres, celle qui ouvre l'adorable litanie des Béatitudes de l'Évangile : « Heureux les doux et humbles de cœur, car ils posséderont la terre. »

WEBER (Charles-Marie de)

1786-1826

La grande figure de l'auteur du *Freyschütz* nous apparaît avec cette auréole de poésie exubérante et comme enivrée d'elle-même qui rayonne autour du front des Lamartine et des Byron. De fait, Weber fut en musique, avec Mendelssohn, le chef de l'école romantique, dont le foyer d'inspiration avait couvé dans les dernières œuvres de Beethoven.

Un compositeur d'une personnalité si nette, d'une originalité si accentuée, ne pouvait manquer d'être, lui aussi, un enfant prodige. Le pauvre petit n'eut d'ailleurs que ce privilège : il était né, malingre et boiteux, d'un père maniaque, brutal et dissipé, qui n'avait de noble que le nom, et d'une mère que les folies de son mari rendaient malheureuse, et il traîna une enfance assez triste jusqu'au jour où le baron de Weber, qui joignait heureusement à ses frivoles passions celle de la musique, surpris des étonnantes dispositions de son fils, le fit entrer à Munich chez le professeur Kalcher.

La souffrance déjà l'avait mûri, et le développement secret du génie s'accomplit rapidement en lui. Un premier opéra signé du nom de Weber qui avait alors quatorze ans, la *Fille des bois*, joué au théâtre de Munich, fut grandement applaudi. Cet extraordinaire succès eût dû l'éblouir ; bien au contraire, ayant reconnu ses défauts à la lumière de la rampe, l'adolescent s'enferma dans la retraite et se confia aux leçons du fameux abbé Vogler.

A dix-huit ans il dirigeait l'orchestre du théâtre de Breslau, alors renommé. Et ce dut être un beau spectacle que de voir ce jeune homme au visage sombre, d'expression farouche, qu'enflammait la rêverie ardente du regard, conduire des musiciens âgés, dont plusieurs fort distingués. Malheureusement, dans cette situation, Weber se fit remarquer par sa nature ombrageuse et sa susceptibilité souffrante. Il était sans doute de ces songeurs dont parle Paul Bourget, « victimes d'une sorte d'état mal défini qu'on pourrait appeler l'état lyrique, enivrement anticipé de l'espérance ou du désespoir, suivant que cette qualité d'amplifier prodigieusement les sensations s'applique à la joie ou à la tristesse. »

De tels penchants, exaspérés par la solitude que

Weber affectionnait et l'état précaire de sa santé, devaient lui rendre la vie pénible, encore que son profond attachement à la religion catholique adoucît les heurts quotidiens. Bientôt maître de chapelle du roi de Wurtemberg, il souffrit de mille blessures dans cette position ambiguë, qui était alors, nous l'avons vu déjà, un peu supérieure seulement à celle de valet. Finalement, ayant déplu au roi, il fut arrêté en plein théâtre, jugé et banni du royaume, à son grand soulagement.

Le maître erra alors à travers l'Allemagne, chemineau de génie, donnant partout des concerts, jusqu'au jour où il put enfin se reposer à Darmstadt. Il y retrouva, chez l'abbé Vogler, Meyerbeer avec qui il se lia d'amitié impérissable. Car Weber avait les qualités de ses défauts; et lui, que le plus léger froissement faisait vibrer douloureusement, trouvait des joies exquises dans l'amitié, cette douce et humble sœur de l'amour. De même, sa tendresse pour son père ne se démentit pas un instant. Les extravagances de ce viveur avaient épuisé tout l'argent que le compositeur gagnait péniblement. Or, quand ce père mourut, laissant à son fils de lourdes dettes qui devaient l'accabler longtemps encore, il écrivit sur le *Journal* de sa vie ces lignes touchantes à faire pleurer :

« Mon père est entré paisiblement dans l'éternel repos. Que Dieu lui donne dans le ciel la paix qu'il n'a pu avoir sur la terre! Il est cruel pour moi de penser que je n'ai pu parvenir à assurer son bonheur. Que Dieu le bénisse pour l'amour qu'il m'a porté et que je ne méritais pas, ainsi que pour l'éducation qu'il m'a donnée! »

Le cœur de Weber était grand ouvert : il chérissait ses amis; il aimait, — nous le verrons, — sa famille jusqu'au sublime; il adorait sa patrie. Quand, en 1813, l'Allemagne, dans un terrible réveil, se souleva contre Napoléon, les chants guerriers où Weber avait fait jaillir, en flammes incendiaires, l'ardeur de son patriotisme, lancèrent dans la mêlée, vers la victoire, toute la jeunesse universitaire. Dès lors il fut célèbre.

Sur le chemin de la vie, qui devait être pour lui si court, il allait enfin rencontrer l'oasis qui rafraîchit le désert de sa solitude, où il n'avait éprouvé jusqu'alors que la brûlure et l'accablement de passions malsaines. A trente-quatre ans, il épousait une charmante jeune fille, Caroline Brandt. Comme plus tard Mme Schumann, elle fut pour le musicien l'amie la plus bienfaisante qu'il pût souhaiter, réalisant ce portrait idéal qu'a tracé Sully-Prudhomme des épouses d'artistes :

> Il leur faut une amie à s'attendrir facile,
> Souple à leurs vains soupirs comme aux vents le roseau,
> Dont les bras leur soient un asile,
> Et le cœur un berceau ;

> Douce, infiniment douce, indulgente aux chimères,
> Inépuisable en soins calmants ou réchauffants :
> Soins muets comme en ont les mères,
> Car ce sont des enfants.

Il fait bon se représenter cet intérieur où, aux longues soirées d'hiver, sous le rayonnement discret de la lampe, l'intimité du maître qui rêve et de sa femme qui le contemple se fait plus sereine et plus aimante. Soudain l'artiste se penche et écrit ses inspirations; puis la confidente va les révéler au piano, et lui admire à son tour celle dont la pensée, reflet de la sienne, fait jaillir des doigts frémissants l'harmonie qui unit leurs âmes.

Dans cette aurore de bonheur, le génie de Weber devint plus lumineux que jamais, comme aussi plus brillant son talent d'exécutant. Il composa alors le *Freyschütz,* qui devait l'immortaliser. Ce fut un radieux triomphe.

« Je n'oublierai jamais, écrivait un des amis de Weber, le silence ému dans lequel fut écoutée l'ouverture, ni les applaudissements qui suivirent. Le maître saluait, saluait sans fin; l'enthousiasme ne cessait pas. Il fallut recommencer. »

Puis se succédèrent la valse du *Freyschütz* si délicieusement entraînante, l'allegro lancé comme une fusée d'étoiles, l'étrange ronde en *si mineur,* le duo attendri des deux cousines, la cavatine d'Annette, le magnifique crescendo de la fin, puissant comme le crescendo d'admiration qui montait, montait, enveloppant l'œuvre et l'auteur d'une tempête d'acclamations.

Weber (Charles-Marie de).

C'est, en effet, dans cette partition que se concentrent toutes les qualités de ce génie romantique : originalité pittoresque, évocation vigoureuse et expression pénétrante du paysage et du drame, charmante habileté des contrastes, art subtil, riche et hardi, de l'orchestration : tout cela rehaussé par cette unité de sentiment qui apparaissait pour la première fois à la scène.

A ce point de vue, le succès de cette œuvre devait révolutionner l'opéra. On y respirait avec délices, au lieu des parfums changeants de fleurs répandues au hasard, un arome unique et puissant fait des senteurs mêlées d'un bouquet admirablement composé. On peut même dire que, par là, Weber fut le précurseur de Wagner. Une fois de plus, l'art allemand triomphait de l'art italien, représenté alors par Spontini.

Non que Weber fût inférieur dans la mélodie, puisque avec Schubert il créa les lieder, ces chants si doux à l'âme rêveuse de l'Allemagne. Ses mélodies ont une grâce mystérieusement poétique. Aussi bien le grand artiste fut un maître en tous genres : messes, concertos, musique pour piano où se remarquent les sonates, la *Polonaise en mi majeur*, le *Rondo en mi bémol*, la célèbre *Invitation à la valse*, d'une si enlaçante mélancolie, etc.

Toutefois sa musique s'adresse plus souvent à l'esprit qu'au cœur, et son œuvre a plus encore de pureté que de profondeur d'émotion.

La représentation du *Freyschütz,* suivie de celle de deux autres opéras : *Preciosa,* ce petit chef-d'œuvre en un acte, et *Euryanthe,* cette superbe pièce où se trouve le fameux chœur des chasseurs, marqua pour Weber l'époque d'une gloire heureuse. Ce n'était, hélas! qu'une trêve à ses misères.

Bientôt il fut atteint d'une maladie de poitrine, source d'angoisses physiques et morales. Alors que la vie lui souriait enfin, il pleurait de l'abandonner. Mais ses larmes firent de l'artiste un héros, car son cœur était plus grand encore que son génie.

Grâce à l'énorme succès du *Freyschütz*, la renommée de Weber était devenue universelle, et il reçut d'Angleterre des offres fort avantageuses. Il fit alors appeler son médecin, et un dialogue tragique s'engagea :

« Dites-moi franchement, je le veux, combien de temps j'ai encore à vivre.

— En allant de suite vivre en Italie, dans un repos absolu, vous pouvez vivre cinq à six ans.

— Eh bien, non! Puisqu'il en est ainsi, je ne traînerai pas une existence misérable et onéreuse ; je préfère me rendre en Angleterre et gagner d'un seul coup l'argent nécessaire à ma famille. Que la volonté de Dieu soit faite ! »

Et il partit. Oh! la pitoyable fin de vie! Tout d'abord son *Obéron,* cette œuvre exquise où Weber se montre un poète de délicatesse et de suavité, ne réussit guère : les Anglais ne surent pas en apprécier le charme de vaporeuse féerie. Alors, malgré la présence d'amis fidèles, l'exil lui pesa. C'était l'hiver ; le brouillard jaune de Londres, « si épais, disait-il, qu'il faut allumer une bougie en plein jour et que le disque rouge du soleil sans rayons semble une tache de sang dans une mer de boue, » exaspérait sa maladie et embrumait toute son âme, malade comme le corps. Il voulut revoir sa famille et écrivit à sa femme cette lettre poignante où la mort qui passe semble s'éloigner, un instant miséricordieuse, de la pensée du condamné pour laisser s'épanouir, à ses yeux déjà voilés, un dernier mirage d'avenir :

« Quelle joie, ma chère femme, m'a donnée votre lettre du 22 mai ! Vous êtes tous en bonne santé ! Pour moi, je suis malheureusement encore bien faible et bien souffrant. Mon Dieu ! comme je voudrais déjà être parti pour l'Allemagne ! J'ai en ce moment un grand emplâtre sur la poitrine dont le but est de me délivrer de cette insupportable oppression. Vous n'êtes pas abandonnée, me dites-vous ; nos amis viennent vous voir. J'espère vous apporter de l'argent à mon retour et vous bien soigner, ma chère femme. Cette lettre ne demande pas de réponse ; n'est-ce pas joli d'écrire une lettre qui sera la dernière et de pouvoir dire : Ne répondez pas, je reviens ? Au revoir donc, à bientôt ! Portez-vous bien, ma femme bien-aimée, vous et nos enfants ! Je vous envoie mille tendres baisers.

« CARL. »

Deux jours après, assis dans un grand fauteuil au foyer qui le réchauffait à peine, le malade se sentit soudain infiniment las ; et d'une voix éteinte il dit ces paroles qui furent les dernières, car il mourut dans la nuit :

« Mes amis, laissez-moi dormir. »

Dors, ô grand et douloureux Weber! ou plutôt, — car dormir n'est qu'un mot, — vis en paix dans la lumière! Qu'importent les souffrances passées, qui de là-haut t'apparaissent sans doute légères comme à nous nos peines d'enfant! Au lit de mort, le baiser de tes lèvres blêmies sur le crucifix dut éveiller ton âme aux béatitudes immortelles ; car tu avais, comme le Christ, vidé la coupe du sacrifice et donné ta vie pour ceux que tu aimais.

ROSSINI (Joachim)

1792-1868

Dans cette galerie des maîtres de la musique, nous ne voyons le plus souvent apparaître que des figures toutes pâlies de souffrance. De fait, il est remarquable que presque tous les élus de l'art ont bu, beaucoup jusqu'à la lie, le calice des amertumes, expiant, semble-t-il, leur supériorité par la douleur.

Cependant, comme à toute règle il est des exceptions, voici que se présente à nous la physionomie à la fois glorieuse et souriante de Rossini, dont la destinée, bien qu'assez accidentée, paraît s'épanouir ailleurs que sur notre terre, tant elle rayonne de bonheur.

Son enfance, à vrai dire, ne fut point bercée dans la soie et le velours. Son père et sa mère, par suite de revers, figuraient, l'un comme musicien, l'autre comme chanteuse, dans une troupe nomade; ils furent donc obligés de confier le bambin à des amis. Plus tard, après avoir aidé ses parents à vivre en prodiguant dans les églises sa voix vibrante, le petit Joachim entra au lycée de Bologne dans la classe de contre point du Père Mattei. Sous cette direction, il fit de rapides progrès, et dès l'âge de seize ans il composait une cantate ; l'intuition de son génie fit le reste.

C'est alors qu'il devint le protégé d'une grande dame, ce qui lui permit de composer des opéras dont plusieurs eurent un grand succès et firent proclamer leur auteur de vingt et un ans un des premiers compositeurs de l'époque.

C'était déjà la renommée ; ce fut bientôt le triomphe. Par toute l'Italie, à Naples, à Rome, à Venise, à Milan, Rossini promenait sa jeune gloire, riche d'argent, de beauté, de santé, remplissant les théâtres de ses œuvres (parmi lesquelles *Othello,* le *Barbier de Séville,* la *Cenerentola,* la *Dame du lac*) et les villes de ses succès, toujours applaudi, toujours fêté. Rien ne manquait à ses lauriers, pas même les huées des cabales, aussitôt étouffées dans l'acclamation universelle qui montait sans cesse.

Pour être pleinement heureux, autant du moins qu'on peut l'être ici-bas, il n'attendait plus que le mariage, lorsqu'il rencontra à Naples la Colbran, la célèbre cantatrice. Très vite ils s'éprirent l'un de l'autre et, quelques mois après, se marièrent en Autriche. Quelle féerique lune de miel que la leur, alors que Rossini dirigeait à Vienne la reprise de sa *Zelmira,* dont sa femme remplissait le principal rôle! et de quelle indicible union devaient vibrer ces deux âmes dans la beauté de cette musique qu'il avait créée, lui, et qu'elle chantait!

Puis c'est Londres, c'est Paris,... toujours des ruissellements d'or dans une mer de gloire. Étonnez-vous après cela que le maître fût un convive spirituel, un ami charmant, un joyeux camarade parfois d'une gaieté échevelée d'étudiant.

Lors d'une réception intime à Paris, où, par parenthèses, il fut accueilli comme un prince, tant y avaient fait sensation ses yeux pénétrants, son sourire expressif et ses favoris d'ébène encadrant l'ovale régulier de sa noble et sympathique figure, Rossini s'ingénia à la rendre rien moins que banale. Au milieu du concert, il retira son habit, s'assit... à terre, en face du piano et, dans cette position exceptionnelle, joua et chanta pendant deux heures avec maëstria les principaux morceaux de ses opéras; puis, trouvant sans doute cet exercice insuffisamment original, il se mit à imiter les voix de femmes, de chantres, d'animaux, etc. L'auditoire riait aux larmes. Comme vous pensez, on en jasa dans tout Paris.

Rossini ne se contentait pas d'exercer son talent d'imitation; il maniait à merveille l'ironie. Plusieurs de ses railleries, — et il en était de cruelles, — sont demeurées célèbres. Un jour il était poursuivi dans un salon par un gêneur qui, voulant absolument se faire reconnaître, lui détaillait leurs anciennes relations:

Rossini (Joachim).

« Quoi ! disait-il, avez-vous oublié ce délicieux macaroni truffé et farci que tant de fois nous avons dégusté ensemble ?

— Non pas, répliqua Rossini à ce tableau enchanteur ; je me rappelle le macaroni et les truffes parfaitement, mais je ne me souviens pas de vous ! »

On a parlé aussi de la paresse du grand musicien. A vrai dire, l'épithète de capricieux lui conviendrait mieux. Il est difficile de traiter d'indolent un homme qui, en deux ans (1816-1817), composa une cantate et sept opéras, dont le *Barbier de Séville* et la *Cenerentola,* que quelques-uns regardent comme un chef-d'œuvre dans le genre comique, le préférant même au *Barbier de Séville.*

A ce sujet se rattache une curieuse anecdote. Un de ses amis trouva un jour Rossini mollement couché sur son lit et écrivant pour la seconde fois le duetto d'un opéra en cours. Dès son arrivée, le compositeur le pria de ramasser des feuillets de musique qui contenaient sa première inspiration et qui étaient tombés sous le lit : il avait préféré refaire le morceau plutôt que d'abandonner sa confortable attitude. Mais il ne faut voir là que le geste d'un grand seigneur qui, ayant laissé échapper un louis, négligerait de se baisser pour le ressaisir.

On sait que Rossini, qui mourut à soixante-seize ans d'une douloureuse maladie, s'endormit sur ses lauriers dans l'opulence et le repos dès l'âge de trente-sept ans.

La cause de ce silence persistant, dont il ne sortit que pour produire le *Stabat* et la *Messe solennelle,* est que le compositeur, croyant avoir épuisé tous ses moyens d'effet, dédaignait de se renouveler et reculait devant l'invasion du romantisme, dont il ne consentit jamais à subir l'influence. Elle ne justifie pas cependant une telle abdication, et l'on éprouve un sentiment d'étonnement, où se mêle de la désapprobation, à l'égard de l'homme qui, comblé de si précieux dons, regarda paisiblement mourir en lui son génie. L'inspiration est une flamme qui, comme jadis celle de l'autel de Vesta, doit brûler sans jamais s'éteindre.

L'œuvre de Rossini est déjà, il est vrai, fort touffu ; il a laissé un nombre considérable de productions, la plupart malheureusement trop hâtives pour être supérieures. Du moins s'en détachent, dans deux genres opposés, deux incontestables chefs-d'œuvre : le *Barbier de Séville* et *Guillaume Tell*.

Le premier, qui triompha non sans peine de l'opéra du même nom de Paisiello, est une pièce très originale, exquise de grâce sémillante et de fantaisie spirituelle : on y cite le fameux air de la calomnie, le grand quintetto de l'arrivée et du renvoi de Basile et le terzetto de la tempête.

Quant à *Guillaume Tell,* c'est l'œuvre royale du maître. Ce grand opéra est aussi remarquable par l'intelligence de la scène et la mise en relief des situations, qu'admirable d'expression dramatique. Qui ne se rappelle l'ouverture merveilleusement évocatrice des régions alpestres, le trio du second acte qui transporta tant de fois les auditeurs, le final si pathétique « Jurons par nos dangers... »? Là, toute la beauté de la Suisse s'épanouit : d'une part, la majesté des glaciers et la fraîcheur champêtre des vallées dans le mystère des montagnes; de l'autre, la passion de la liberté dans le patriotisme vainqueur.

Parmi les autres productions de Rossini nées en France, il convient de citer le *Comte Ory,* opéra en deux actes plein d'esprit et de diversité; le bel oratorio de *Moïse,* où se trouve cette « Prière de Moïse » si large et si puissante, et le magnifique *Stabat Mater* qui fut chanté à ses glorieuses obsèques. N'ayons garde d'oublier la *Petite Messe solennelle,* titre trop humble pour ce dernier chant très pur du « cygne de Pesaro », paré d'une harmonie plus savante et où s'atteste l'immuable foi chrétienne du grand artiste.

Rossini a exprimé dans ses œuvres les sentiments les plus divers, les impressions les plus variées; il a semé à pleines mains les joyaux, sans trop regarder si les strass ne se mêlaient pas aux diamants. Son originalité est d'avoir su, surtout dans *Guillaume Tell,* fondre l'école italienne et l'école allemande dans la clarté et la netteté expressives de l'art français, en donnant, dans un bel équilibre, la même importance à l'harmonie et à la mélodie et en encadrant dans une orchestration large, riche et savante, des chants aussi brillants que suaves.

Il possédait du reste, au plus haut degré, toutes les ressources du métier, grâce à sa prodigieuse facilité, et au besoin il en découvrait d'autres (le développement des finales et la répétition des formules de cadence sont parmi ses trouvailles, et « les crescendo de Rossini » sont demeurés célèbres); mais il n'eut pas la passion de l'idéal. Quel dommage que l'illustre musicien n'ait pas donné à son art un essor plus large vers les sommets d'où les Wagner et les Beethoven ont fait jaillir cette lumière surnaturelle qui illumine l'esprit jusqu'à l'éblouissement, qui exalte l'âme jusqu'à l'intuition du divin!

Comment ce grand favorisé de la nature n'éleva-t-il pas plus haut ses aspirations? Peut-être les ailes de son inspiration n'avaient-elles pas assez d'envergure; ou bien peut-être, — et ceci nous ramène au début de ces lignes, — lui manqua-t-il simplement de souffrir.

MEYERBEER (Liebmann)

1794-1864

Le nom de celui que l'on a appelé le grand architecte de la musique se détache, en un vigoureux relief, au fronton du Panthéon des grands compositeurs. Il est l'évocateur de la grandeur scénique, de la puissance dramatique.

Et cependant son œuvre n'est pas, comme il arrive souvent, un reflet de sa vie, qui fut plutôt paisible.

Prodigieuse fut la précocité du jeune Beer, — car il s'appelait Beer et non Meyerbeer, lorsqu'un ami de la famille, nommé Meyer, laissa par testament toute sa fortune au petit virtuose, à condition qu'il ferait précéder son nom de celui de son bienfaiteur (manière originale, convenez-en, de passer à la postérité). A neuf ans, on le tenait pour un des meilleurs pianistes de Berlin.

Bientôt élève de Clementi, puis de l'abbé Vogler, — le célèbre théoricien dont l'école de Darmstadt, admirablement organisée, donna à l'Allemagne nombre de célébrités musicales, — il put à loisir cultiver, durant plusieurs années, l'art qui devait remplir sa vie, et il prit alors l'habitude du travail assidu qui fut toujours sa grande distraction.

Détail à noter : chez l'abbé Vogler, il fut le condisciple de Charles de Weber, l'illustre auteur du *Freyschütz*. L'émulation qui régnait entre eux leur fut à tous deux éminemment favorable, d'autant mieux qu'ils étaient amis plus encore que rivaux, et le restèrent jusqu'à la mort.

Après quelques insuccès devant le public, Meyerbeer se rendit en Italie et arriva à Venise au moment même de la première représentation du *Tancrède* de Rossini. Ce fut pour lui une révélation. Le jeune compositeur, qui jusque-là s'était cloîtré dans les sévérités de la musique allemande, eut l'impression d'un épanouissement à l'audition de cette musique pleine de mouvement, de couleur et de chaleur, élevant à une hauteur inconnue le style italien qu'il croyait pouvoir mépriser. Et de même que Rossini avait su envelopper ses exquises mélodies des harmonies majestueuses de l'école allemande, de même Meyerbeer apprit, en suivant la voie opposée, à assouplir et à enrichir ses mélodies selon la méthode italienne, en gardant la puissance de ses accords. Ce fut un long travail dont il sortit mieux armé que jamais, sinon complètement victorieux ; car, malgré tout, il manquera toujours aux mélodies du grand artiste, non pas l'originalité, au contraire bien accusée, mais ces trouvailles ravissantes qui sont les perles de l'art italien et qui naissent de la sérénité dans le labeur, privilège des enfants de l'Italie, ce pays qui chante.

Dès lors il était tout naturellement conduit à Paris, la ville par excellence de l'éclectisme, où l'on ne pouvait manquer d'apprécier sa nouvelle manière et où devait se manifester pleinement son génie. C'est pourquoi il fit de la France son pays d'adoption. Ainsi son talent, comme celui de Glück, né en Allemagne et grandi en Italie, allait se perfectionner et s'épanouir dans la clarté de l'art français.

Son mariage, qui avait eu lieu un peu avant sa venue à Paris, avait causé le grand malheur de sa vie : coup sur coup il perdit ses deux enfants. Il en fut longtemps assombri et ne composa pendant quelques années que des ouvrages religieux.

Enfin le compositeur qui devait devenir un des plus grands romantiques de l'école française fit représenter à l'Opéra, en 1831, son *Robert le Diable,* cette pièce remplie de beautés qui introduisait sur la scène la science harmonique allemande. Ce fut un triomphe unique, un délire d'enthousiasme, l'heure resplendissante de la destinée de Meyerbeer : sa gloire était consacrée.

Après *Robert le Diable* vinrent les *Huguenots,* la pièce maîtresse du grand musicien, « passage de la jeunesse ardente à la maturité réfléchie, » suivant le mot de Blaze, où s'imposent, dans une savante gradation, le duo de Marcel et de Valentine, le septuor du duel, la scène de la bénédiction des poignards, le duo entre Valentine et Raoul, le grand trio de la fin, etc.

Meyerbeer composa ensuite une ouverture et des entr'actes musicaux pour une tragédie dont son frère était l'auteur : *Struensée*. Il y a, par parenthèse, une sorte d'avant-goût des *leitmotivs* wagnériens dans les rappels, dispersés à travers cette partition, d'une superbe phrase symphonique du début.

Enfin avec le *Prophète,* un opéra au sujet quelque peu étrange, mais que quelques-uns regardent comme son chef-d'œuvre, puis le *Pardon de Ploërmel,* opéra-comique en trois actes, Meyerbeer marcha de succès en succès jusqu'à sa mort, qui l'empêcha d'assister à la représentation de l'*Africaine,* pièce débordante d'harmonie où frémit, en un souffle large, la volupté mystérieuse et nostalgique de l'exotisme.

Meyerbeer avait été hanté toute sa vie par la frayeur d'être enterré vivant. Un pli cacheté qui portait cette suscription : « Pour être ouvert après ma mort, » indiquait de minutieuses précautions à prendre pour éviter

Meyerbeer (Liebmann).

l'horreur d'une telle agonie. Voici un passage de ces dispositions :

« On doit me laisser couché sur mon lit, la figure découverte, tel que j'étais avant de mourir, pendant quatre jours; et le cinquième jour on pratiquera des incisions sur l'artère brachiale, ainsi qu'au pied. Après quoi on conduira mon corps à Berlin, où je veux être enterré dans la tombe de ma mère bien-aimée. Si la place y manquait, je prie de me coucher à côté de mes deux chers enfants. »

L'écrit se terminait ainsi :

« Que la volonté de Dieu soit faite et que son nom soit sanctifié et béni dans le ciel et sur la terre. Amen ! »

Toute la France pleura Meyerbeer comme un de ses fils.

Il laissait le souvenir d'un homme très simple, très poli, indulgent et bienveillant, bien que d'abord un peu froid. De même que sa vie fut peu accidentée, sa personnalité n'est pas nettement tranchée. Deux traits cependant ressortent particulièrement dans sa physionomie morale : sa finesse d'esprit et son étroitesse.

J'ai là, sous les yeux, un autographe de Meyerbeer. C'est, — le croiriez-vous? — tout simplement la liste, avec leurs prix respectifs, des vins devant figurer à un banquet qu'il allait offrir. Après maintes difficultés, tant l'écriture est hachée et irrégulière, je finis par déchiffrer, et je transcris scrupuleusement :

4 bouteilles de Saint-Julien à 4 francs, sur la table.	16
1 bouteille Madère	10
1 bouteille Château-Margaux de 1841.	15
1 bouteille Château-Yquem 1847.	20
3 bouteilles de Pillery-Crément frappé à la glace à 9 francs, plus 1 franc pour glace	30
Total.	91

« Après le potage le Madère; à la fin du premier service le Château-Yquem ; au second service, quand on sert le rôti, le Château-Margaux; des trois bouteilles de Champagne, on mettra deux sur la table, on servira la troisième bouteille. »

Il est quelque peu déconcertant de constater, chez ce millionnaire d'argent et de talent, un tel souci des choses vulgaires.

Cela ne l'empêchait pas d'être un causeur aussi fin que spirituel, maniant l'épigramme avec dextérité. Il pouvait sous ce rapport lutter avec Rossini, et il n'y manqua pas. Vous connaissez le mot de Rossini, auquel ses amis reprochaient son trop long silence :

« J'attends, disait-il, que les Juifs aient fini leur sabbat. »

Les Juifs, c'étaient Halévy et Meyerbeer. Or, un soir, Rossini convia à dîner plusieurs compositeurs, dont l'auteur des *Huguenots*. A la fin de la soirée, pendant que l'on exécutait quelques pages nouvelles de Rossini, celui-ci, sans doute pour mieux observer les auditeurs, faisait le malade. Alors Meyerbeer s'approcha et lui coula à l'oreille cette délicieuse ironie :

« Ah! cher maître, vous vous écoutez trop! »

Ce reproche, Meyerbeer eût pu se le faire à lui-même, mais avec une tout autre signification : il s'écoutait trop, lui aussi, en ce sens que sa recherche de l'idéal ne le laissait jamais en repos; il n'en finissait pas de retoucher ses œuvres. Il était atteint, dans son travail, de la maladie du scrupule; et sa préoccupation continuelle de produire des effets nouveaux enlevait parfois à ses œuvres, au moins dans l'ensemble, un peu de cette noble simplicité qui est le sceau de la perfection.

Meyerbeer n'est pas un des musiciens que l'on aime avec tendresse dans l'intimité : il est un de ceux que l'on admire à la scène, comme un roi de l'harmonie. Ses orchestrations déploient dans leurs profondeurs d'innombrables beautés, telles ces nuits d'été qui font jaillir dans leurs plis des milliers d'étoiles.

Dans la magie des décors, l'éblouissement des lumières, le silence plein de frémissements de l'auditoire, lorsque cette musique somptueuse éclate ou s'apaise, l'évocation est si pénétrante, la sensation du réel si saisissante, que, dans une pleine communion, l'on partage vraiment les passions, joies et souffrances que déroulent l'harmonie et le drame. Heures inoubliables où les soucis et les misères de la vie présente s'évanouissent en de magnifiques et fraternelles émotions, où l'on sent vibrer en soi toute une humanité !

SCHUBERT (Franz)

1797-1828

Mélancolique et douce évocation que celle de Schubert! Entre toutes apparaît, sympathique, la figure de ce grand musicien qui fut aussi, de cœur et d'âme, un grand poète.

A la fin du xviiie siècle vivait, à Vienne, un instituteur entouré de nombreux enfants, dont le plus jeune était Franz Schubert. Comme les appointements de l'humble maître d'école étaient plus que modestes, la situation du ménage était fort précaire, et la lutte quotidienne de l'existence se faisait âpre et douloureuse. Mais tous aimaient la musique, et l'on oubliait chaque soir, en des concerts où chacun faisait sa partie, les misères du jour et les soucis du lendemain. Heureuses de telles familles! dans leur pauvreté elles sont plus fortunées que les riches; car l'art, en épanchant en elles son charme et sa beauté, resserre les liens du sang par l'union des âmes.

Franz avait onze ans quand il se présenta au Conservatoire de Vienne. Grande fut la stupéfaction lorsqu'on vit arriver dans la salle de l'examen ce petit paysan en blouse, aux cheveux crépus, qui, un peu déconcerté, promenait autour de lui des regards ahuris; mais, à la confusion des railleurs, il subit si brillamment les épreuves, qu'il fut reçu avec les félicitations du jury.

Cette anecdote, par parenthèse, est tout à fait semblable à l'aventure du général français Drouot. Ce dernier, tout jeune paysan, un bâton à la main et d'énormes souliers aux pieds, passa avec le plus vif succès un examen d'artillerie à Metz, et le chef du jury, enthousiasmé, l'embrassa aux applaudissements des spectateurs, dont les exclamations ironiques s'étaient changées en murmures d'admiration et qui le portèrent en triomphe. Souvent ainsi, à travers les siècles, les mêmes étoiles éclairent la destinée des grands hommes.

Schubert resta au Conservatoire jusqu'à seize ans. Il eût passé là les meilleures années de son existence sans les embarras d'argent qui, le poursuivant de jour en jour, refoulaient dans une contrainte perpétuelle l'épanouissement de son adolescence.

« Tu sais par expérience, écrivait-il à un de ses frères, combien il serait doux de manger un pain blanc et quelques pommes entre un médiocre dîner et un pauvre souper. Pourrais-tu me faire obtenir une couple de kreutzers? Rien ne pourrait me rendre plus heureux et égayer davantage ma pauvre cellule. L'apôtre saint Mathieu dit : Que celui qui a deux robes en donne une aux pauvres. Souviens-toi de ton affectionné, suppliant et pauvre frère. »

Travail, tendresse, souffrance : telle était à ce moment, telle fut toute la vie de Schubert. Pour conquérir la tranquillité matérielle à laquelle il semble qu'un artiste ait droit plus que tout autre, il était trop mal préparé à la lutte pour la vie. Sincère jusqu'à l'ingénuité, doux jusqu'à la faiblesse et incapable de réagir, il cédait à toutes les impulsions de son esprit et de son cœur et se laissait aisément tromper : aussi fut-il exploité sans trêve par des éditeurs peu consciencieux.

Et cependant que de fleurs répandues sur ses chemins! Cette expression n'est point uniquement une métaphore, car Schubert aimait voyager, et souvent il parcourait la haute Autriche avec son ami, le chanteur Vogl, alors dans tout l'éclat de sa renommée. Partout ils semaient : l'un ses lieder, l'autre les accents de sa voix superbe, applaudis et fêtés de ville en ville comme les antiques trouvères.

Pour une âme ouverte aux beautés de la nature comme celle de Schubert, c'était un enchantement que le spectacle de ces admirables pays de montagnes et de vallées où il semble que le travail de l'homme, superbement épanoui en donjons, cloîtres, églises, etc., ait voulu rivaliser avec les forces de la nature. Partout le musicien recueillait des inspirations aussitôt jetées sur le papier, emportant ainsi des souvenirs d'autant plus précieux qu'il composait parfois les paroles de ses mélodies. On retrouve dans les lettres qu'il écrivait alors à sa famille la trace de l'enthousiasme du grand artiste : c'est, à chaque page, un hymne à la beauté, un épanouissement de poésie.

Là s'épanche aussi l'affection profonde que l'illustre compositeur gardait aux siens. Schubert était un tendre : un charme de sympathie émanait de sa bonté et de son affabilité.

« Je n'oublierai jamais, a dit un de ses amis, le poète Mayrhofer, les temps heureux de notre cohabitation. J'étais sombre et attristé, lui d'humeur douce. C'était pour moi un génie bienfaisant qui me guidait dans la vie au son de ses mélodies divines. »

De même le comte de Spaun, que Schubert avait connu au Conservatoire et qui fut pour lui un puissant appui, l'entoura jusqu'à la fin d'une amitié généreuse et fraternelle. La douceur des affections qu'il éprouva et inspira fut ainsi la consolation de sa vie.

Et puis, n'avait-il pas les joies divines de l'art? Et, dès lors, comment eût-il pu se plaindre? C'est quand l'âme est muette qu'elle est désespérée; et de toute son âme de musicien et de poète, il chantait!

Malgré les soucis qui l'assaillaient, nul plus que Schubert n'a connu, dans leur pureté et leur intensité, les voluptés de la musique. Il était artiste plus qu'homme. Aux heures lumineuses où s'exaltait son génie, toute son âme planait dans l'extase : s'élevant par sa propre

Schubert (Franz).

inspiration ou s'envolant sur les ailes de Mozart, de Haydn ou de Beethoven qu'il adorait, il semblait quitter la terre.

Hélas! l'homme n'est pas fait pour de telles jouissances, et il n'est guère douteux que le trouble physique qui suit les émotions trop intenses de l'âme ne détermine à la longue des désordres organiques.

Schubert fut tué par son génie. Bouillonnant de la fièvre de ses rêves, entraîné par son extraordinaire facilité, il ne sut pas se maîtriser et usa sa robuste santé dans ce débordement intellectuel et cette exaltation psychique.

Bientôt la maladie s'empara de lui, apportant avec elle cette angoisse sombre qui étreint l'âme de ceux que le corps fait souffrir. Oh! les pages amères qu'il écrivait alors à un de ses amis!

« Figure-toi un homme dont la santé ne se refera jamais, et qui, par le chagrin que cela lui cause, empire la chose au lieu de l'améliorer; un homme dont les plus brillantes espérances sont tournées à rien, chez lequel l'enthousiasme (tout au moins celui qui vous soutient et vous exalte) et le sens du beau menacent de s'évanouir, et demande-toi si cet homme n'est pas malheureux et misérable? Mon cœur est lourd, la paix m'a fui, je ne la retrouverai plus jamais : voilà ce que chaque jour je puis dire; car chaque soir j'espère que mon sommeil n'aura pas de réveil, et chaque matin m'apporte en présent les soucis de la veille. »

Peut-être eût-il pu cependant se sauver encore, s'il eût pris des ménagements; mais, loin de se défendre, il alla au-devant de la mort, épuisant ses dernières forces jusqu'à l'agonie.

Bien que mort à trente et un ans, Schubert laisse un nombre énorme de compositions à peu près dans tous les genres : musique dramatique (quinze opéras où il se montre, du reste, inférieur à lui-même); musique d'église, où se distinguent six messes et deux *Stabat ;* musique de chambre, où l'auteur devient aussi prolixe qu'il est condensé dans ses mélodies; valses, sonates, symphonies, etc.

Mais les lieder sont, de son œuvre comme de celle de Schumann, la partie la plus originale et la plus aimée : il en a composé jusqu'à six cents, divisés en plusieurs cycles. L'auteur de l'*Ave Maria,* de l'*Adieu,* du *Chant du Cygne*, de *Marguerite*, des *Plaintes de la jeune fille,* du *Roi des Aulnes*, de la *Jeune Religieuse,* s'y est révélé un prince de la mélodie.

Schubert, on ne saurait trop le redire, est un poète. Non que la science technique, malgré quelques gaucheries, lui fasse défaut; mais il est surtout admirable par son inspiration aussi personnelle que variée, suave autant que profonde. Son âme était une lyre de tendresse et de tristesse, écho fidèle des impressions errantes : il n'avait, pour ainsi dire, qu'à écrire les chants qui, à toute heure, au gré de toute émotion, murmuraient en lui.

« Il est comme une éponge, a dit Wagner; lorsqu'on presse dessus, il sort de la musique. »

Plus intimement que tous ses prédécesseurs, il a sondé les replis du cœur, s'enivrant de ses émotions jusqu'à en rechercher l'essence et à en faire jaillir le suprême parfum. Pourtant il n'y a rien en lui de maladif. Plus tard, Schumann et Chopin devaient le dépasser dans cette voie, puis se trouver dépassés à leur tour par nos compositeurs modernes qui expriment des sensations raffinées jusqu'à la névrose.

La musique de l'auteur de l'*Adieu* est étrangement pénétrante : en lui le chant ou le cri du cœur est si puissamment humain, qu'il trouve écho dans tous les cœurs. Elle est profondément touchante aussi par la mélancolie qui en est comme le leitmotiv : qu'elle s'assombrisse en détresse dans les plaintes ou qu'elle s'éclaire de douceur dans les soupirs d'amour et de rêverie, comme dans la *Barcarolle* et la *Sérénade,* toujours elle donne le frisson des larmes.

Quand Schubert mourut, il était si pauvre qu'on dut donner des concerts pour payer les frais des obsèques et du monument funèbre. Sur sa tombe, la première demeure où se reposait son douloureux génie, planait l'idéal espoir de la paix radieuse promise à ceux qui, sur terre, ont saigné le sang du cœur et pleuré les larmes de l'âme.

BERLIOZ (Hector)

1803-1869

Connaissez-vous le Dauphiné, cette région encore trop peu fréquentée et pourtant, de l'avis unanime, incomparable, où les glaciers, perçant la nue de leurs cimes colossales, redescendent vers les gorges et les gouffres dans un harmonieux désordre de bois, de champs et de cascades?

C'est là que naquit Berlioz; et c'est là que sans doute, parmi les prodigieuses symphonies des étés et des hivers, en face des montagnes sublimes dont les blancheurs éclatent au-dessus des abîmes vibrants de torrents, il puisa, en même temps que le goût de l'orchestration, la passion du pathétique et du grandiose qui devait plus tard se répandre dans ses œuvres musicales. Il se trouve même que l'aspect de ces contrées symbolise non seulement son génie, mais encore son caractère « sensitif, abrupt, poétique, insoumis, idéaliste, tourmenté et violent[1] ».

---

[1] Adolphe Boschot, *Berlioz*.

Dès l'enfance il fut en proie aux chagrins, lui dont la vie devait déborder de tristesse. Nerveux à l'excès, il souffrait de tout son cœur frêle, comme les enfants dont la sensibilité, trop tôt épanouie, se froisse et se replie au moindre choc et qui n'ont pas, pour endormir leur souci, l'énergie de l'adolescent ou la raison de l'homme. Du moins il se réfugiait dans sa piété native; sa petite âme, imprégnée de ferveur mystique, s'emplissait d'extase, comme ses yeux de larmes, lorsque la mélodie des chants d'église s'épanchait à travers les accords des orgues. Il croyait voir, racontait-il plus tard, Dieu descendre au milieu de ses anges dans un nuage d'harmonie.

Il n'avait pas treize ans quand, ayant rencontré une jeune fille de seize ans chez son grand-père, qui possédait non loin de Grenoble une maison de campagne où chaque année l'enfant venait passer une partie des vacances, il conçut pour elle une affection dont l'innocence n'excluait ni l'intensité, ni la profondeur. Berlioz lui-même l'a dépeinte dans un aimable récit (n'oublions pas que le compositeur fut un écrivain remarquable, qui a laissé, surtout comme critique, des pages tour à tour émues, spirituelles ou savantes, souvent terriblement mordantes) :

« Elle avait, dit-il, une taille élégante et élevée, de grands yeux noirs toujours souriants, et une chevelure digne d'orner le casque d'Achille. »

Eh bien! cette jeune fille dont Berlioz nous trace un si charmant portrait, il la retrouva par hasard, cinquante ans plus tard, considérablement changée, vous n'en doutez pas; lui-même, qui avait alors plus de soixante ans, était accablé de tristesses morales et physiques. Mais une telle jeunesse de cœur demeurait en lui, qu'il fut aussitôt reconquis par son premier attachement dans toute sa poésie et son ardeur :

« Je mourrais dans cet enfer de Paris, racontait-il à son ami Ernest Legouvé, un soir qu'ils s'en venaient tous deux d'une fête donnée chez Gounod, si de temps en temps je ne recevais de ses lettres et si je ne savais que cet automne j'irai passer un mois auprès d'elle. Je demande si peu! M'asseoir près d'elle, la regarder filer, car elle file; ramasser ses lunettes, car elle porte des lunettes; entendre le son de sa voix; lui lire quelques passages de Shakespeare; la consulter sur ce qui me touche, m'entendre gronder par elle,... voilà mes joies! »

Ce tableau d'idylle n'est-il pas exquis et digne de tenter un peintre?

Malgré tout, Berlioz ne fut pas heureux dans la vie du cœur, meurtri qu'il était jusque dans le bonheur par cette étrange et tyrannique faculté de souffrir qui fut la sienne. Un mot de lui montre jusqu'où le poursuivait la désolation de l'âme : un jour qu'il sanglotait à l'audition d'une symphonie de Beethoven, un voisin lui dit amicalement :

« Vous semblez souffrir, monsieur? Vous devriez vous retirer.

— Croyez-vous que je sois ici pour mon plaisir? » lui répliqua Berlioz d'un ton brusque.

Ainsi, là même où la tristesse devient une douceur et les pleurs un baume, lui se martyrisait réellement et pleurait des larmes douloureuses.

D'autres fois la musique le jetait, l'âme nue, dans la béatitude.

« Peu à peu, disait-il à un de ses amis en lui décrivant un de ses ravissements, je suis tombé tout éveillé dans une de ces extases d'outre-terre, et j'ai pleuré toutes les larmes de mon âme en écoutant ces sourires sonores, comme les anges seuls en doivent laisser rayonner. »

Son caractère se ressentait naturellement de cette extrême sensibilité. On ne peut dire que Berlioz fut un sympathique. Ceux de ses amis qui le connaissaient intimement, chérissaient et consolaient cette âme d'artiste et de passionné, demeurée une âme d'enfant. Mais on lui reprochait son égoïsme, qui éclata dans l'incroyable cynisme avec lequel il abandonna sa femme, miss Smithson, jadis tant aimée, ses cruelles ironies et sa cruauté de critique orgueilleux et sectaire. Beaucoup étaient gênés en sa présence; et le fait est qu'il déconcertait, tantôt étincelant ou attendrissant, tantôt concentré et parlant à peine.

Ces misères des grands artistes ont du moins une

excuse : transportés sur des cimes radieuses par leurs illuminations géniales, ils sont désorientés, une fois

Berlioz (Hector).

redescendus en ce monde ; et, se heurtant aux petitesses des hommes et de la vie, ils les repoussent avec une amère dureté. Seuls les saints gardent, en haut comme en bas, leur cuirasse de sérénité. Mais Berlioz n'était pas un saint ; non certes, il n'était pas un saint.

Il craignait fort pourtant, — et c'est là le signe certain auquel se reconnaissent les tendres, — de causer de la peine à qui que ce fût. On le vit un jour se jeter au cou d'un humble musicien qu'il avait offensé et lui demander pardon; ce seul trait montre quelle bonté innée dormait au fond de son cœur.

Et puis, que ne lui pardonnerait-on pas : il a été si malheureux! Aux heures de jeunesse où tout l'être s'épanouit dans la force du sang et l'ivresse du rêve, il fut, lui, en proie à la pauvreté, dont l'étreinte pâlissait son visage et assombrissait son cœur; et parfois, ô misère de la gloire! il avait faim.

Ainsi les privations ruinèrent pour toujours sa santé, ce qui ne contribua pas peu à le rendre pessimiste. Seuls ceux qui ont subi de longues épreuves physiques savent quelle désespérance envahit insensiblement l'âme que le corps torture.

Exalté par quelques-uns, furieusement attaqué par le plus grand nombre, Berlioz tint tête à la destinée avec un rare courage. Il avait vraiment le feu sacré; et tant que les harmonies chantèrent en lui, il lutta, fier sous l'insulte et vaillant devant le malheur, pour faire interpréter ses chants, dont un pressentiment secret lui révélait la future glorification.

Il a lutté,... et il a vaincu, car son œuvre est de celles qui ne périront pas. Berlioz a donné à la musique un relief et une intensité d'expression peu connus jusqu'alors ; il voulait que son rêve prît forme et apparût, pour ainsi dire, dans la féerie des sons comme sous la plume d'un poète ou même le pinceau d'un peintre. Il fut ainsi amené, pour mettre en relief ses conceptions, à renouveler la science de l'harmonie. Les parties orchestrales de ses œuvres ont une ampleur magnifique où presque toujours se déroulent avec clarté des mélodies puissantes et émouvantes : à ce point de vue la *Damnation de Faust,* d'une poésie un peu rude, mais si vigoureuse et si grandiose, est un pur chef-d'œuvre. Lorsque j'entendais, au concert Colonne, ces splendides accords et ces chants éblouissants retentir parmi la foule recueillie, où çà et là se détachaient des visages tout pâles d'admiration, j'avais le cœur serré à songer que ce poème musical échoua misérablement jadis sous l'indifférence incompréhensible de la critique et du public parisiens.

Après un oratorio, l'*Enfance du Christ,* et *Béatrice et Bénédict,* opéra-comique en deux actes représenté à Bade (car l'Allemagne sut apprécier avant la France le grand artiste français), parut cet opéra des *Troyens,* que Berlioz considérait comme son œuvre maîtresse. Rien de plus magistral en effet que cet ouvrage, noble comme l'*Énéide,* dont l'ensemble est presque parfait et qui renferme de merveilleux passages, tels l'ouverture de poignante mélancolie, le chœur dans les jardins de Didon, le récit d'Énée, surtout le duo du troisième acte, qui fait palpiter et chanter, dirait-on, la nuit d'extase et d'étoiles.

Berlioz doit nous rester bien cher, car il a tenté de libérer la musique française du joug allemand en préconisant la liberté de la mélodie. « Il nous a donné, a-t-on dit, une musique affranchie des traditions étrangères, sortie du fond de notre race, modelée sur l'esprit français, répondant à son imagination précise, à son instinct pittoresque, à sa mobilité d'impressions, à son besoin extrême de nuances. » Et M. Romain Rolland, l'éminent écrivain, ajoute que le chant-récitatif de Berlioz, aux lignes longues et sinueuses, lui paraît plus beau que la déclamation de Wagner.

Malheureusement son époque ne le comprit pas. Et il fut, en même temps qu'un grand malheureux, un grand méconnu, ainsi, hélas! que tant d'autres dont la gloire n'illumine que la tombe. De telles destinées sont lamentables. Ah! l'angoisse de l'artiste qui sent en lui frémir l'idéal, qui crée de la beauté dans l'inspiration du génie rayonnant à travers l'effort de la pensée et qui, à l'heure de la voir enfin resplendir au grand jour, se heurte dans l'ombre soit aux obstacles matériels, soit à la raillerie et au dédain du scepticisme, de l'incompréhension ou du parti pris!

C'est pourquoi, malgré ses faiblesses, — qui n'en a pas? — il faut s'incliner devant Berlioz, dont le visage romantique porte cette auréole de souffrance qui donne tant d'éclat à la mémoire des grands hommes. Il est un admirable exemple de ce que peut la volonté contre l'acharnement du malheur; car, en dépit des épreuves qui glaçaient son rêve, il a gardé, ardente en lui, la flamme du génie que Dieu ne donne aux privilégiés de l'art que pour en faire jaillir l'étincelle au cœur de l'humanité, et, malgré d'innombrables désillusions, il a suivi sans défaillance le chemin semé d'épines qui l'a conduit à l'immortalité.

MENDELSSOHN (Félix)

1809-1847

Un mot suffit souvent, sinon à définir, du moins à évoquer l'art des grands compositeurs. Bach, c'est la profondeur; Hændel, la grandeur; Beethoven, la puissance; Mozart, la pureté; Schumann, la rêverie; Schubert, la mélancolie; Wagner, l'exaltation, etc. Mendelssohn, c'est la grâce, la grâce qui glisse, ondule, s'envole, chatoie et s'efface, qui s'épanouit et s'évanouit.

Né dans une famille riche et passionnée d'art, du célèbre philosophe Moses Mendelssohn et d'une mère de haute distinction, l'illustre musicien romantique eut le privilège de voir sa vocation entourée de soins. Les soirées familiales étaient embellies de séances exquises où chacun des enfants faisait sa partie : Paul jouait du violoncelle, Rébecca chantait; quant à Félix, comme Mozart avec Nanette, il jouait du piano avec Fanny, sa sœur aînée, à qui il voua une véritable adoration. Entre tous, le futur grand homme, suivant la tradition de ses émules, se distinguait par une extraordinaire précocité, surtout par une faculté inouïe de pénétration. A douze ans, il faisait l'étonnement de Gœthe, peu enclin à la flatterie. La tendresse admirative dont on entourait le dernier-né, le petit virtuose, développa sans doute en Mendelssohn cet orgueil satisfait de l'homme qui croit pouvoir dominer la vie et les hommes.

Aussi bien la destinée l'avait-elle comblé de trop de faveurs, et nous sommes ainsi faits, hélas! que de tels avantages nous sont le plus souvent plus pernicieux qu'utiles. A vingt ans, Mendelssohn ne pouvait qu'éblouir, et il éblouissait. Comment n'eût-on pas été attiré vers ce beau jeune homme qui savait peindre, qui parlait plusieurs langues, qui avait écrit déjà une traduction en vers allemands d'un ouvrage de Térence et l'ouverture géniale du *Songe d'une nuit d'été;* enfin qui, à son étincelant talent de pianiste, joignait ces qualités extérieures qui font merveille dans le monde. Hardi nageur, élégant cavalier, habile à l'escrime, il excellait dans les exercices du corps; et dans les salons où séduisaient ses manières fines et son attrayante conversation, tous les regards se portaient vers le jeune artiste au front large, aux yeux mélancoliques, aux traits adoucis, que virilisait une expression un peu hautaine.

C'est alors qu'il entreprit son tour d'Europe, comme beaucoup de musiciens de l'époque (et rien ne pouvait mieux élargir leur pensée et fortifier leur talent). Il visita d'abord l'Angleterre et fit exécuter à Londres sa première symphonie en *ut mineur*. Puis il parcourut l'Écosse, dont la beauté brumeuse, en l'imprégnant de rêve, semble s'être répandue plus tard dans sa musique ; c'est de là qu'est venue l'inspiration de son ouverture de concert, la *Grotte de Fingal*.

D'Angleterre, il passa en Italie. Il erra parmi les palais, les musées, les paysages, toutes les féeries de l'idéale contrée. La suavité enchanteresse chanta en lui, et il composa sa *Symphonie italienne,* tout épanouie d'azur et de soleil. « J'entends, avait-il écrit à sa famille, y laisser la trace de l'impression que me fera la grande cité napolitaine. »

Enfin il vint à Paris. Mais là, contrairement à ses douces habitudes, il trouva, au lieu de l'enthousiasme qu'il prévoyait, un accueil simplement courtois. Sa déception fut profonde. Il s'empressa d'accabler de son mépris la ville coupable. « Paris, écrivait-il en manière de consolation, est le tombeau de toutes les réputations. » Il secoua sur la capitale la poussière de ses sandales, et rentra en Allemagne.

Malgré ses voyages, Mendelssohn n'en resta pas moins Allemand dans sa personnalité et dans son art, se refusant à imiter Hændel, Gluck et bien d'autres, qui empruntèrent les qualités de la musique étrangère. Cet exclusivisme venait de son orgueil. Triste défaut, et le moins facilement supportable; la simplicité sied si bien aux grands hommes! A peine en peut-on atténuer l'effet en considérant autour de soi l'infatuation naïve et ridi-

Mendelssohn (Félix).

cule dans laquelle se drapent les plus petits personnages pour les actes les plus vulgaires!

Mendelssohn dédaignait des compositeurs tels que Berlioz et Meyerbeer. Pour lui, la plus légère critique le blessait cruellement. Il ne souffrait pas de rival. Comme il était directeur de la musique de Dusseldorf, le musicien Ries fut chargé de diriger alternativement avec lui les grandes fêtes musicales de la Pentecôte, à Aix-la-Chapelle. Mendelssohn s'en montra froissé. Il donna sa démission et se retira à Leipzig, où bientôt, malgré les attentions que le roi de Prusse lui prodiguait à Berlin, il se fixa définitivement, préférant, comme César, être le premier dans une ville modeste, plutôt que le second dans une capitale.

Là, directeur des concerts, maître de chapelle honoraire du roi de Saxe, docteur en philosophie et en beaux-arts, il vivait dans l'atmosphère d'admiration et d'honneurs qu'il trouvait si douce à respirer. En fait, sous le rayonnement du génie de Mendelssohn, qui était un incomparable chef d'orchestre, Leipzig devint un centre musical dont le reflet brilla dans toute l'Allemagne et même en Europe. C'est à ce moment qu'il composa les *Chœurs d'Athalie,* puis le *Songe d'une nuit d'été,* dont il avait écrit l'ouverture à dix-sept ans, cette féerie étoilée qui vibre et murmure avec des tremblements d'ailes. C'est alors aussi qu'il épousa la fille d'un pasteur de Francfort, charmante femme qui lui fut l'amie fidèle et dévouée jusqu'à la fin. Le grand artiste semblait au comble de ses vœux.

Chose remarquable, et qui montre la fragilité de la paix de ceux qui n'ont pas souffert : son premier malheur abattit cet homme, qui gardait la fierté rigide des heureux que la destinée n'a pas assouplis. Comme il se trouvait à Francfort avec sa femme et ses enfants, il y apprit la mort de sa sœur aînée, Mme Hansel. Mendelssohn, qui, d'esprit élevé lui-même, aimait passionnément cette femme supérieure, depuis le temps où, dans l'intimité de l'enfance, ils jouaient ensemble aux concerts de famille, fut au désespoir. Malgré les consolations qui l'entouraient, pas plus que la mère dont parle la Bible il ne voulut être consolé, et, loin de s'adoucir, il s'irrita contre le sort. Pour endormir sa détresse, il se jeta dans les voyages, errant de Baden à Laufen et jusqu'à Interlaken. Mais ces distractions furent vaines. Les montagnes solitaires attristèrent encore la solitude de sa douleur, et une âpre mélancolie, qui rendait son abord pénible, s'étendit sur son front.

Étrange contraste! L'individualité de Mendelssohn, par une exception anormale, bien loin de se refléter dans sa musique, en est comme l'envers. Son art est très doux; ses phrases élégantes semblent sourire. C'est, nous le disions, la grâce dans la rêverie, rêverie vaporeuse, rêverie qui vient, comme dit Mme de Staël en parlant de l'amour, d'on ne sait où, et va on ne sait où, rêverie où le poète, — car Mendelssohn fut un poète, — laisse son âme s'exhaler et se fondre, et se perdre dans l'harmonie, fût-elle un peu nébuleuse. On a même reproché à Mendelssohn de la monotonie embrumée; mais qui se plaindrait de voir, dans un ciel bleu, les nuages floconneux qui en avivent l'azur?

Il y a dans cette musique, surtout dans les *Romances sans paroles,* aimées des pianistes et parmi lesquelles se trouve la célèbre et adorable *Chanson de printemps,* un charme enveloppant, un sentiment qui parfois semble léger et qui le plus souvent est profond, parce qu'il jaillit des sources les plus secrètes du rêve, un épanchement affectueux qui baigne tout l'être de douceur. L'âme, dans le bercement de ces caresses mélodieuses, s'apaise et s'endort en un demi-sommeil plein de songes.

Les autres œuvres pour piano du maître (concertos, sonates), sa musique de chambre (trios, duo en *ré,* quatuors, ottetto), ses sonates d'orgue ont été fort appréciées. Mais c'est surtout dans ses deux oratorios, *Paulus* et *Elias,* dans ses ouvertures (la *Grotte de Fingal,* la *Belle Mélusine, Ruy-Blas*) et dans ses symphonies que son génie s'est élevé. Que de trouvailles, quelle expansion d'idées, et quelle exquise originalité dans l'orchestration! Mendelssohn a connu toutes les ressources de son art; il n'a ignoré que l'effort. Qu'on ne s'y trompe pas, il fut un créateur; la preuve en est dans l'influence certaine qu'il a exercée sur la musique moderne subtile et mystérieuse.

Cette influence eût été bien plus considérable s'il eût vécu davantage. Mais Mendelssohn ne se remit pas de la grande secousse qui avait ébranlé son âme et son corps. La mort de sa sœur jetait un voile funèbre sur ses pensées, et il se laissait envahir |par le pressentiment de sa propre fin. Cependant il avait repris ses occupations lorsque, quelques mois seulement après son deuil, il fut frappé d'apoplexie. On le sauva; mais bientôt une seconde, puis une troisième attaque l'emportèrent.

Il n'avait que trente-neuf ans, l'âge fatal où moururent Chopin et Weber, avec lequel il communia dans le romantisme. Il avait été aussi heureux qu'on peut l'être sur terre, et il s'en allait, le cœur morose et l'âme inassouvie.

Mais le meilleur de lui-même survit. L'écho de ses rêves suaves vibre dans nos rêves avec une tendresse profonde, et nous l'aimons comme un de ces amis mystérieux dont l'âme musicale, demeurée avec nous, effleure nos fronts, aux heures douces ou mélancoliques, du frémissement de ses ailes harmonieuses.

CHOPIN (Frédéric)

1809-1849

On ne saurait entendre la musique de l'immortel auteur des *Nocturnes*, des *Polonaises*, des *Mazurkas*, des *Valses*, de tant d'autres œuvres aimées avec une singulière dilection, sans que se dresse devant l'esprit l'originale et pâle figure du pauvre grand artiste que fut Chopin. Il passa dans la vie, les yeux fixés sur son rêve, en passionné extatique dont l'âme consume le corps.

Son enfance avait été douillettement choyée, son éducation amoureusement soignée dans sa famille polonaise, modeste et réservée, paisible et pieuse. Sous l'égide du prince Radziwill, il avait pénétré de bonne heure dans les salons aristocratiques, où il s'était vu accueilli avec une grâce charmante et une sympathie non dissimulée.

Plus tard, au milieu de l'atmosphère parisienne, toujours il resta Slave. Il adorait du reste son pays d'origine, dont le génie populaire se retrouve si souvent dans sa musique, cette musique étrange serrant le cœur, crispant les nerfs et pourtant, jusque dans l'oppression de la tristesse, berçant l'âme de volupté comme un douloureux amour.

C'était un doux, un délicat, à l'esprit confiant et croyant, à l'âme de sensitive, aux gestes caressants, aux manières distinguées, à la physionomie pensive et maladive reflétant la mélancolie de ses nocturnes. D'allure et de caractère « secrets, discrets, mystérieux », il était de ces rêveurs à qui il faut l'ombre du recueillement ou le demi-jour de l'intimité : la lumière trop vive des fêtes mondaines fatigue leur âme froissée à chaque instant au contact d'âmes étrangères. En fait, Chopin avait horreur du grand public et ne consentait guère à se faire entendre que dans les réunions privées, là où il était sûr d'être compris. Alors, oubliant tout de la vie ambiante, bercé aux suggestions de l'inconnu, il improvisait ce qu'il appelait de *petites histoires musicales*. Le piano devenait sous ses doigts une âme musicale : toute la sensibilité de l'artiste, soudainement épanchée, se fondait en soupirs, éclatait en sanglots ; et c'était, dans les frissons d'accords et les modulations d'accompagnements capricieux, son âme elle-même qui chantait.

Vous connaissez cette anecdote, devenue légendaire, qui montre à quel point l'artiste s'absorbait dans son art : Chopin, se trouvant un jour chez un de ses amis, regardait fixement, muet depuis quelques instants, un squelette laissé dans un coin de la chambre. Tout à coup il se leva, comme fou, éteignit les lumières ; puis, saisissant le squelette et le pressant contre lui d'un geste frénétique, il se mit au piano et, dans l'hypnotisme de la mort, composa d'un seul jet les premières mesures de la *Marche funèbre,* ce sanglot prodigieux qui retentit dans l'âme comme le sourd gémissement d'un cercueil dans la fosse, pour mourir en une mélodie si triste de larmes lentes.

Lorsqu'il jouait ainsi, emporté par son génie, devant un cercle d'intimes, les auditeurs groupés autour de l'artiste frissonnaient, extasiés, et les femmes se penchaient vers lui, ivres d'admiration, fascinées par l'enchantement de l'harmonieuse inspiration.

Car Chopin fut et restera le musicien des femmes. Par sa sensibilité toute féminine unie à un génie viril de fougue et d'imprévu, il a merveilleusement su rendre les délicatesses raffinées, les mélancolies compliquées, les langueurs indicibles, comme aussi les enthousiasmes et les ferveurs qui dorment au fond des cœurs de femmes, et que ne trahirait pas leur visage, beau lac sans rides, n'était la lueur de leurs yeux, où il y a toujours un peu de mystère.

Triste ironie ! Ce musicien poète, ce délicieux rêveur dont l'âme de caresse et de tendresse attirait et séduit encore, en se reflétant dans ses œuvres, tant d'âmes féminines, fut malheureux dans sa vie sentimentale.

Chopin (Frédéric).

Il s'était épris, en Pologne, dans sa jeunesse, d'une élève du conservatoire de Varsovie, Constantia Gladowska, en laquelle il avait incarné ses rêves d'adolescent. Deux ans après elle se mariait, abandonnant l'idylle. Plus tard, aux eaux de Marienbad, en Allemagne, une jeune Polonaise qu'il aimait sacrifia brusquement les lauriers de l'artiste à un titre de comtesse.

Ces deux romans à peine ébauchés avaient laissé, dans l'amertume de l'abandon, son âme fatiguée. Plus tard la passion, rencontrée au tournant du chemin, incapable de satisfaire une aussi belle et grande âme, n'eut d'autre effet que de faire saigner son cœur aimant et de l'accabler jusqu'à la fin d'une inguérissable tristesse.

Ainsi, jeune encore, privé de foyer, il se trouva seul. Dès lors sa vie ne fut plus qu'une lente agonie; son âme et son corps souffraient, se martyrisant mutuellement. La phtisie, ce mal terrible que la médecine n'avait pas encore appris à guérir, l'avait atteint et suivait son cours, s'insinuant dans ses veines, brûlant son sang, exaspérant ses nerfs. Il connut les jours gris et noirs où l'on a froid, où l'on tremble, où l'on est triste à pleurer, sans éprouver la douceur des larmes; et la toux creuse qui rougit de sang le mouchoir porté aux lèvres, et la respiration étouffée, et la détresse des nuits d'insomnie où se glisse, comme au lit de mort, l'ombre de la grande nuit.

Mais la flamme du génie brûlait toujours dans ce

corps de fantôme. Dans la monotonie des heures sombres et la solitude des rêveries mornes hantées de ses épouvantes religieuses, Chopin recueillit au fond de son mal des sensations subtiles de souffrance aiguë, des hallucinations d'angoisse ; et, comme un poète, il chanta le mystère de sa douleur.

C'est ce qui fait de lui un des musiciens élus de notre temps : il fut peut-être le premier d'entre les artistes à exprimer, dans son intensité, ce que nous appelons le nervosisme contemporain. On pourrait presque comparer plusieurs de ses nocturnes à certains poèmes modernes qui mêlent, en des rythmes tantôt flexibles et fluides, tantôt heurtés et bizarres, les rêves les plus fugitifs, les impressions les plus intimes, les sensations les plus secrètes que jadis penseurs ou poètes laissaient s'évanouir sans même tenter de les analyser.

« Le génie de Chopin, dit George Sand, est le plus profond et le plus plein d'émotions et de sentiments qui ait jamais existé. Il a fait parler à un seul instrument la langue de l'infini et a pu souvent résumer en dix lignes des poésies d'une élévation immense, des drames d'une énergie sans égale. »

Sa mort fut touchante et poignante comme sa vie. Comme plusieurs de ses amis étaient réunis à son chevet, Chopin pria la comtesse Potocka de lui chanter au piano les psaumes de *Stradella*. Et dans la douceur mourante d'une voix de femme qui pleurait, il s'endormit dans une agonie qui rappelle les vers admirables de Sully-Prudhomme :

> Vous qui m'aiderez dans mon agonie,
> Ne me dites rien ;
> Faites que j'entende un peu d'harmonie,
> Et je mourrai bien.
>
> La musique apaise, enchante et délie
> Des choses d'en bas ;
> Bercez ma douleur, je vous en supplie ;
> Ne lui parlez pas !

Et son corps fut enseveli dans un cercueil débordant de roses.

Pauvre, pauvre Chopin ! Il n'avait que trente-neuf ans ; mais il avait longtemps vécu, parce qu'il avait beaucoup souffert.

SCHUMANN (Robert)

1810-1856

> Toute rose au jardin s'incline, lente et lasse ;
> Et l'âme de Schumann, errante par l'espace,
> Semble dire une peine impossible à guérir...

Ces vers d'un de nos poètes les plus raffinés évoquent un musicien tendrement aimé de notre époque, éprise à la fois de délicatesse nuancée et d'intensité fougueuse dans l'expression du sentiment et de la passion.

Schumann était le fils d'un libraire de Zwickau, petite ville de la Saxe. Rien dans l'enfant, dont la passion était, paraît-il, de jouer aux soldats, ne décelait le futur compositeur, quand, à dix ans, il entendit à Carlsbad le fameux pianiste Moschelès. Ce fut l'éclair qui déchira le voile et éblouit la petite âme : l'enfant déclara qu'il serait musicien.

Bientôt on le vit, à la surprise de tous, organiser chez lui des séances musicales et même tenter quelques compositions. Son père, émerveillé des qualités qui éclataient en lui, lui laissa toute liberté. En même temps le jeune Schumann se passionnait pour les poésies de Byron et Jean-Paul Richter, enveloppé ainsi, dans la musique et la littérature, d'une atmosphère de langueur et de songe aux effluves lourds pour son âme encore frêle.

A ce moment son père mourut, et sa mère, effrayée peut-être de ses tendances à la rêverie, imposa au jeune homme l'étude du droit. On devine que Schumann demeura insensible aux glaciales beautés des lois; même il mena, à l'Université de Heidelberg, une vie quelque peu dissipée, sans toutefois trop négliger la musique. Puis il étudia la philosophie et aspira avec délices l'émanation de mystère qui s'en exhale.

A travers de tels détours, il eût fallu à Schumann une volonté qu'il n'avait pas pour se créer une âme saine et forte. Tout au contraire, il dut éprouver un plaisir de dilettante à sentir peu à peu son être s'imprégner de cette sensibilité tourmentée et de cette maladive suggestivité qui imprègnent ses œuvres et qui devaient lui être fatales. Déjà, troublant ses facultés, des accès nerveux s'emparaient de lui.

Vers cette période, il survint à Schumann un accident aussi malheureux que bizarre. N'avait-il pas imaginé, dans sa hâte de devenir un virtuose du piano, de s'attacher par un fil au plafond le troisième doigt de la main droite, afin que ce doigt se trouvât suspendu tandis que les autres appuyaient sur les touches? A ce fâcheux exercice il gagna, au lieu du talent qu'il espérait, une paralysie du doigt qui s'étendit à toute la main, et il dut, — cruelle déception, — renoncer à jamais au piano.

Les dispositions de son esprit l'entraînaient naturellement vers l'inexploré. Aussi Schumann fut-il, en musique, l'ennemi déterminé des règles classiques. Il fonda même, à vingt-quatre ans, une revue intitulée *Nouvel écrit périodique pour la musique,* dont il était le rédacteur en chef et qui, soutenue par d'énergiques collaborateurs, lutta avec acharnement contre la *Gazette musicale de Leipzig*, en faveur des théories nouvelles. Ce fut ainsi, plus même par ses études de critique que par ses œuvres musicales, qu'il exerça sur l'art allemand une influence indéniable, se faisant le continuateur audacieux de Beethoven et de Schubert et préparant les voies à Wagner.

Il avait d'ailleurs les mêmes idées et tendait au même but que Berlioz. A travers la distance, les deux grands artistes, l'un vite acclamé en Allemagne, l'autre désespérément méconnu en France, s'étaient liés d'une pareille sympathie admirative dont on retrouve la trace dans les lettres de Berlioz, pourtant peu prodigue de compliments.

Schumann était donc déjà renommé quand il devint fiancé. Avec mille difficultés il épousa Clara Wieck, la fille de son ancien professeur de musique qui, jusqu'à la fin, refusa son assentiment. Mais, par un curieux revi-

Schumann (Robert).

rement, il se réconcilia avec son gendre le jour où celui-ci fut reçu docteur en philosophie à l'Université d'Iéna : sans doute il estimait qu'un philosophe ne peut que gouverner sagement un ménage, oubliant qu'en de tels cas le bon sens pratique est beaucoup plus utile que la science théorique.

Quoi qu'il en soit, ces événements ne furent pas sans influence sur les travaux du compositeur : « Il y a certainement dans ma musique, a-t-il écrit, quelque chose des luttes que m'a coûtées Clara; le concerto (œuvre 14), les *Danses de David,* la sonate en *sol* mineur, les *Kreisleriana* et les *Novellettes* (œuvre 21) ont tous pris leurs sources en elle. »

Dans l'enchantement d'hymen où se reposait son cœur, mais où errait toujours en rêveries flottantes son âme imparfaitement apaisée, le talent de Schumann prit un nouvel essor. Ce fut l'année de son mariage qu'il se mit à composer ses lieder, genre de mélodie où s'épanche, dans sa douceur profonde, le génie sentimental et passionné de l'Allemagne.

« Ils contiennent, dit M. Camille Mauclair, — et il est impossible de mieux dire que ce remarquable critique, — des trésors d'émotion, de génie et de perfection du style, des modèles inoubliables d'appropriation de la forme au sentiment du poème et au secret de la tonalité. »

La grâce de la forme et l'originalité du fond : tels sont, en effet, les traits caractéristiques de ce maître du romantisme et du lyrisme, dont l'inspiration s'est répandue en symphonies, ouvertures (*Genoveva, Manfred, Faust*), fantaisies, concertos, musique vocale, chorale, musique de chambre et musique pour piano (n'oublions pas un charmant oratorio, *le Paradis et la Péri*). On doit en chercher la source non pas tant dans l'effort qu'il fit pour briser le cadre des règles classiques que dans la rare distinction de sa personnalité.

Malgré un certain manque de solidité dans la structure de ses œuvres, c'est une volupté souvent poignante et toujours profondément pénétrante que d'écouter chanter ce poète suave tout imprégné de langueurs, tout vibrant de frissons et dont parfois, dans une exaltation ailée, le cœur semble jaillir. Qui ne connaît sa *Rêverie*, chef-d'œuvre de mélancolie caressante et de tendresse insinuante, si exquise à entendre dans le crépuscule d'un beau soir?

Dans les clartés de l'art et la lumière plus douce de l'amour, il semble que l'âme de Schumann eût dû s'épanouir jusqu'à la pleine sérénité. Hélas! son organisme était déjà intimement atteint, et ses accès nerveux le reprenaient.

Or, à ce moment, à la suite de certaines révélations importées d'Amérique, il régnait un engouement général pour les tables tournantes. Schumann eut le malheur d'être initié à ces secrets du spiritisme, que l'homme ne peut guère sonder sans de grands dangers. Que d'imprudents (dont votre serviteur, qui s'en confesse) les ont abordés, le sourire aux lèvres, et ont bientôt reculé, stupéfiés devant ces noirs abîmes de mystère!

D'autres au contraire, irrésistiblement entraînés et fascinés, enfoncent dans ces sables mouvants qui engloutissent parfois la raison. Schumann fut de ce nombre. Son esprit, faible et incertain, s'exalta en face de l'inconnu qui s'offrait à lui. Bientôt il se prétendit en relations avec les âmes de Mendelssohn et de Schubert, qui venaient, disait-il, lui dicter des mélodies.

Un soir, à minuit, poursuivi par des influences occultes et sinistres, il s'enfuit de son salon et alla se jeter dans les ondes tumultueuses du Rhin. Ses vêtements l'ayant retenu quelque temps sur l'eau, sa vie fut sauvée; mais sa raison était perdue à jamais, et on dut bientôt le transporter dans une maison de santé, à Bonn, où il mourut deux ans plus tard.

Ces tragiques événements furent pour Mme Schumann une longue et terrible épreuve. Mais, loin de se laisser accabler, son amour triompha de la mort. De même qu'elle s'était donnée toute à la vie du grand artiste, elle se dévoua entièrement à sa mémoire. Et ce fut un spectacle émouvant que de voir cette admirable pianiste, vivant exemple d'héroïque fidélité, exécuter dans les concerts, en Allemagne, en France, en Angleterre, en Belgique, en Russie, les œuvres de son mari, et propager par toute l'Europe, avec une invincible persévérance, la gloire de Schumann.

O mystère et beauté de la tendresse humaine! Plus d'une fois peut-être, en revivant les joies et les mélancolies de celui qu'elle avait tant aimé, son cœur de femme faillit se briser dans les soupirs et les sanglots des accords. Mais sans doute l'âme de Schumann, l'âme musicale dont parle le poète, venait la soutenir et lui sourire; et, comme jadis, leurs cœurs s'unissaient dans l'harmonie et dans l'amour.

WAGNER (Richard)

1813-1885

Peut-être y a-t-il témérité à tenter en quelques lignes de ressusciter la physionomie de l'homme qui fut, semble-t-il, la personnalité artistique dominante de la seconde moitié du XIXe siècle.

Richard Wagner, — ce nom seul évoque une puissance, — naquit à Leipzig. Il s'adonna d'abord à la poésie et à la mythologie, puis à la philosophie; et ces études ne furent pas étrangères au symbolisme spéculatif dont il a inondé ses œuvres. Mais bientôt il abandonna tout pour la musique. A vingt ans, il composait un opéra qui ne fut jamais représenté, les *Fées,* tiré d'un conte hindou et où se reflétait déjà l'attirance de son âme vers le mystère. Un an plus tard, il devenait chef d'orchestre du théâtre de Magdebourg, puis de celui de Kœnigsberg. Encore inconnu, il eut à subir des épreuves particulièrement dures pour son tempérament emporté, qui s'irritait de voir comprimé le génie qu'il sentait éclore.

Ce fut alors que le lointain mirage de Paris fascina Wagner, qui aspirait à y faire exécuter *Rienzi*, un opéra qu'il venait de composer et dont il attendait la fortune et la gloire. Son séjour dans la grande capitale ne fut qu'un long martyre. Qui a vécu dans cette fournaise sait combien, sous des apparences d'aimable courtoisie, est âpre, dans les arts plus encore qu'en toute autre profession, la lutte pour la vie, et quelle somme d'efforts il faut pour arriver même à une vague notoriété... quand on y arrive. (Ce fut là sans doute la cause de cette haine implacable que le compositeur avait vouée à la France et qui provoqua des manifestations hostiles à Paris, lors de la première représentation, à l'Opéra, de *Lohengrin*.)

Malgré les recommandations de Meyerbeer, qu'il avait intéressé à sa cause et qui avait vainement essayé de dissiper son enthousiasme prématuré, il eût succombé sans son extraordinaire énergie. Logé dans un misérable garni, il en fut bientôt réduit, — effrayante ironie, — à des arrangements d'opéras pour flûte et cornet à piston. Il se fit ensuite journaliste et écrivit dans la *Gazette musicale* nombre de critiques curieuses à lire aujourd'hui; puis on lui demanda des pots-pourris, des polkas, des galops.

« Je frémis d'indignation, écrivait-il plus tard ; mais je me mis à composer des galops et des pots-pourris.

L'excès même du dépit et de la rage me devint propice ; car je fis, dans cet état, plusieurs galops formidables qui me valurent enfin quelques honoraires. »

On peut juger, d'après ces lignes, de l'exaspération du grand artiste devant ces railleries de la destinée qui se plaisait à bafouer son orgueil et son génie.

Cependant, en dépit de toutes ces occupations plus variées que rémunératrices, la misère venait lentement et sûrement. Et déjà Wagner voyait avec terreur frapper à sa porte le spectre de la faim, quand soudain il apprit la nouvelle de la réception de son *Rienzi* au théâtre de Dresde : c'était la délivrance.

Brusquement, tout changea : Wagner sortait de l'ombre pour entrer en pleine renommée. Il dut éprouver l'impression d'un aveugle qui verrait jaillir la lumière. Le chemin de la vie ne devait plus être marqué pour lui que par les étapes du succès, puis du triomphe. Successivement, en effet, furent acclamés : à Berlin le *Vaisseau fantôme*, à Dresde *Tannhaüser*, à Weimar *Lohengrin*.

Dans ces pièces, qui sont composées dans sa première manière, Wagner, tout en se révélant déjà fort original, se rattache à Glück, Beethoven et Weber. Là s'élèvent, à travers l'éblouissement vertigineux de l'orchestre, comme ces voix de femmes qu'on entend monter dans l'harmonie des soirs d'été, d'incomparables mélodies ; et l'âme s'enivre à entendre, en un repos délicieux, ces chants merveilleux, vagues lentes et douces qui semblent bercer au loin, sur un océan de mystère, le cygne de Lohengrin.

Entre temps, Wagner, compromis à juste titre dans un complot politique, put à grand'peine échapper aux troupes prussiennes et gagner la France, pour se retirer de là à Zurich.

Ce fut à Venise qu'il composa *Tristan et Yseult*, qui ouvre la série des drames où se révèle sa seconde manière; « le chef-d'œuvre, dit Pierre Lalo, le plus violemment émouvant qui soit au monde. »

Enfin la fameuse *Tétralogie,* intitulée l'*Anneau des Niebelungen* et divisée en quatre parties : l'*Or du Rhin*, la *Walkyrie, Siegfried*, le *Crépuscule des dieux,* fut écrite à Munich, à la cour du roi Louis de Bavière. Wagner avait trouvé en ce prince le protecteur enthousiaste autant que généreux qui fit construire, exprès pour ses œuvres, ce théâtre de Bayreuth où défila l'élite de l'Europe. Tout y est combiné pour produire le maximum d'émotion; les applaudissements et les manifestations de tout genre sont prohibés; la salle est plongée dans l'obscurité; l'orchestre est invisible; le banal timbre d'appel est remplacé par une fanfare sonnant le leitmotiv de l'acte. Qu'on juge, par ces seuls détails, de la solennité des représentations wagnériennes.

Wagner a eu ce grand honneur de magnifier le théâtre, d'en faire un temple de la pensée et du rêve, où les plus vastes conceptions se laissent, drapées dans les formes de légendes symboliques, pénétrer et sonder par la foule.

Toutes ces splendeurs ne doivent pas cependant faire oublier que la philosophie terriblement orgueilleuse qui émane de ces œuvres mène tout droit au matérialisme et à l'athéisme.

Sans doute, en Wagner l'homme est excusable. Il nous apprend que son enfance, « livrée à l'anarchie, n'eut d'autres éducateurs que la vie, l'art et lui-même : » de là une jeunesse d'étudiant précipitée dans le vice « avec tant d'ardeur et de légèreté, qu'il fut bientôt dégoûté »; de là, plus tard, son mépris, cyniquement avoué dans sa correspondance, de la morale et du devoir, de là enfin son culte pour Schopenhauer, puis pour le bouddhisme (qui, dans sa dernière pièce, *Parsifal,* se mêle au christianisme dans un ensemble plutôt choquant), en sorte que l'engloutissement dans le néant deviendra à ses yeux la fin de toute aspiration et de tout amour.

Mais la perversité de ses idées ne doit en être dénoncée qu'avec plus d'énergie. Ne nous payons pas de mots, ne nous leurrons pas, — et ici j'en appelle à tous les spiritualistes, chrétiens ou non, — la pensée maîtresse de Wagner dans sa *Tétralogie* n'est autre que la déification des passions humaines aux dépens de Dieu, finalement vaincu et nié. Cette parole inouïe : « Brünnhilde s'élève de la divinité à l'humanité, » est de Wagner lui-même à propos d'une de ses héroïnes. Et M. Gustave Charpentier d'ajouter avec transport : « Dans le *Crépuscule des*

Wagner (Richard).

dieux s'achève en beauté le radieux suicide du dieu cédant sa place à l'homme libre. »

Ses théories, le grand musicien les a, il est vrai, victorieusement et involontairement réfutées par la réalité même de son génie surhumain, où brille comme de la poussière divine et qui le transforme en ange de lumière. C'est pourquoi les âmes vraiment belles qui voient partout en bas les reflets d'en haut, celles dont l'amour pur et la foi blanche lancent, comme des flèches d'or, leurs perpétuelles aspirations vers l'infini, peuvent, dans l'audition des œuvres wagnériennes, baigner en des ondes célestes leurs illuminations et leurs visions intérieures.

La renommée de l'illustre compositeur, comme toutes les gloires éclatantes, a subi et subira, gigantesque baromètre, les variations de l'esprit humain.

Il fut longtemps combattu à outrance par tous les partisans de la tradition, et l'Allemagne entière retentit du fracas de la querelle Brahms et Wagner. Ces attaques, comme ses désillusions de la première heure, développèrent la sensibilité aiguë qui faisait le fond de sa nature nerveuse et mobile à l'excès, passant sans transition du calme à la colère, de la plus étincelante gaieté à la tristesse noire. En un jour d'ennui il semblait vieillir subitement, et le lendemain il apparaissait, par réaction, rajeuni, vibrant, radieux. Ses violences étaient indomptables; peut-être affermissaient-elles l'étrange fascination qu'il exerçait autour de lui. Malgré son apparence physique plutôt faible, Wagner dominait en les séduisant tous ceux qui l'approchaient, à la manière de Napoléon; et, comme le grand empereur de sa garde légendaire, il était entouré d'admirateurs fanatiques et d'acteurs si dévoués à sa cause, qu'ils accouraient à Bayreuth à un simple signe du maître. Là, sans rien gagner que leurs frais de logement, ils se consacraient tout entiers à ses œuvres et subissaient sans mot dire de nombreux froissements, parfois de véritables vexations. Il est juste d'ajouter que nul mieux que Wagner ne savait reconnaître ses erreurs, grâce à une bonté native qui sommeillait en lui et dont l'effet, lorsqu'elle se réveillait, devenait irrésistible.

Adulé par ses fidèles, entouré d'affection et de soins par la fille de Liszt, Mme de Bülow, qu'il avait épousée en secondes noces, le grand artiste vit l'auréole de la gloire s'épanouir autour de son front, que n'avaient ni lassé ni courbé les amertumes.

Le prestige de sa musique devint bientôt stupéfiant. On ne jurait plus que par Wagner; on ne louait plus, on ne blâmait plus que suivant Wagner. Finalement, le wagnérisme trôna sur l'art musical du monde entier.

Un tel ascendant était à demi justifié par la somptuosité de ces chefs-d'œuvre créés par un travail gigantesque soutenu par une magnifique inspiration, et dont l'intérêt s'accroissait encore de l'élargissement et du bouleversement des vieilles règles, que le compositeur n'avait apprises que pour les enfreindre plus habilement.

Car la seconde manière de Wagner, inaugurée, comme

nous l'avons dit, par *Tristan et Yseult,* est essentiellement réformatrice. Elle est caractérisée surtout par l'emploi du leitmotiv, puis par la suppression des airs, duos, trios, etc., et de la mélodie qui ne tend qu'à charmer l'oreille, enfin par la liaison des scènes entre elles, en sorte que la musique de ces pièces ne produit son plein effet qu'au théâtre, réalisant le désir du maître, qui la voulait unie intimement au poème et à tout le spectacle.

Ce grand musicien poète, composant lui-même ses livrets, pouvait réellement s'identifier avec l'œuvre qu'il portait toute en lui. Il a lui-même raconté que très longtemps ses créations demeuraient à l'état latent dans son cerveau; les personnages, un à un, y apparaissaient en ombres lointaines qui peu à peu prenaient corps; puis un jour un de ces fantômes surgissait et sa bouche s'ouvrait devant l'artiste pâle d'extase : c'était son langage, — musique et poésie à la fois, — dont il recueillait l'écho. Le reste, dit-il, n'était plus rien.

De là vient que les drames lyriques de Wagner sont comme enveloppés d'une même atmosphère d'harmonie traversée par un même courant musical; et c'est ce qui rend beaucoup de ses phrases, dont, par instants au moins, le sens échappe à nombre d'auditeurs, fort difficiles à pénétrer pour ceux qui ne sont pas familiarisés avec ce genre. Son œuvre est une symphonie immense où passent tous les frémissements, les accords, les chants, les clameurs d'ici-bas sans interruption ni finale, symphonie tumultueuse comme celle de la vie même, où se mêlent, des sommets aux abîmes, les vibrations de la douleur et du mal, de l'amour et de l'idéal, aux lueurs fraîches des aurores, dans l'épanouissement des midis ou la fureur des orages, comme en la mélancolie adorable des crépuscules et la paix étoilée des nuits.

A ces heures de beauté où devant les yeux extasiés se déroule un sublime paysage qui semble d'abord endormi dans le silence, si l'âme se recueille à mesure que le regard s'étend, elle perçoit à l'infini, dans l'éternité de la création, l'écho du grand mystère des choses. Il en est de même de la musique de Wagner : c'est d'abord comme un vaste murmure fait de mille voix confuses; mais si l'on écoute plus attentivement et que l'on partage, tant soit peu seulement, la peine que prit l'artiste à les composer, on y reconnaît bientôt les grandioses harmonies de toutes les passions qui font vibrer la terre.

Cependant, si grand que soit Wagner, la domination écrasante, effrayante, de la religion wagnérienne n'avait d'autre raison d'être que le fanatisme et l'exclusivisme. Depuis quelques années on secoue enfin, — avec quel soulagement! — un joug qui ne fut ni doux ni léger, et la musique recouvre sa liberté. Au grand soleil de la beauté, il y a place pour tous les genres, dont aucun ne doit dérober pour lui seul toute la lumière.

Aussi bien le maître de Bayreuth, en rentrant dans le passé, n'en est pas diminué. Il demeure ce qu'il a toujours été, ce qu'il sera toujours au-dessus des idolâtries et des invectives : un de ces hommes dont le génie évoque un peu de la puissancer fomidable du Créateur.

VERDI (Giuseppe)

1813-1901

Le 27 janvier 1901, à quatre-vingt-huit ans, mourait Verdi, le grand musicien « passionnément, jalousement italien ». Sur sa tombe, où veillait l'immortalité, ce fut une avalanche de lauriers, une apothéose posthume.

Moins de dix ans se sont écoulés, et déjà l'ombre du maître semble reculer dans le passé. Ah! que les morts vont vite et que la renommée est éphémère!

Et pourtant elle fut aussi belle que longue, la carrière de Giuseppe Verdi. Sans doute il connut des insuccès aussi nombreux qu'inattendus; mais de telles déceptions ne sont que le revers de la médaille de la gloire; et sur ces ombres fugitives l'étoile du grand musicien brilla sans cesse et ne s'éteignit que dans le rayonnement du triomphe.

Il est assez singulier que presque tous ses biographes le fassent naître à Busseto, alors qu'en réalité l'honneur d'être son pays natal revient à Roncole, petit village du duché de Parme, où les parents du compositeur tenaient une auberge plus que modeste.

L'enfant fut initié à la musique, — bizarre rencontre, — par un pauvre râcleur de violon nommé Bagasset, qui, à des intervalles périodiques, passait à Roncole et jouait aux portes. C'étaient là des journées de fête pour le bambin, qui, plongé dans une admiration profonde, ne perdait pas une note. Un jour Bagasset amena un de ses amis, violoncelliste ambulant, qui lui servit d'accompagnateur. Cette fois, le petit Giuseppe tomba littéralement en extase, si bien que Bagasset, émerveillé autant que flatté, conseilla à ses parents de lui faire apprendre la musique, ne se doutant guère qu'il donnait ainsi une gloire à son pays. Ceux-ci le confièrent au vieux Baistrocchi, l'organiste de l'église, et les progrès furent si rapides que, trois ans après, l'élève succédait au maître aux appointements de cent francs par an (!).

Plus tard, sentant le besoin de se perfectionner, le jeune Verdi se rendit à Busseto, la ville voisine, où il entra comme employé chez Antonio Barezzi, le distillateur attitré de l'auberge de Roncole. Là, tout en remplissant strictement ses fonctions, il consacra tous ses loisirs à la musique et entreprit même quelques compositions.

Fier de ses succès, Barezzi, qui était grand amateur de musique, lui permit de se servir du piano de sa fille Marguerite. Les deux enfants, lui, confus et heureux à la fois d'un tel honneur, elle, pleine de sympathie pour le jeune virtuose, se rapprochèrent dans le charme de l'art. Ainsi se noua entre eux une amitié qui devint de l'amour et, beaucoup plus tard, s'épanouit dans un mariage. N'est-ce pas là un joli sujet de roman?

Je n'entreprendrai pas de vous raconter quelles curieuses alternatives d'ovations et de déboires, de succès et d'insuccès, parfois aussi injustifiés les uns que les autres, retinrent longtemps Verdi, de Milan à Venise, de Florence à Londres, de Paris à Trieste, au seuil du triomphe définitif que lui valut enfin *Rigoletto*.

Notons cependant les protestations qui accueillirent l'apparition de *Jeanne d'Arc*. Verdi prêtait à l'héroïne un rôle de nature à ternir son incomparable pureté; ce qui parut, non sans raison, une profanation de la vierge-martyre qui, par un miracle unique dans l'histoire du monde, sauva sa patrie. La France, de même qu'elle excusa Wagner, non sans peine d'ailleurs, ne tint pas rigueur au grand artiste. Sur les sommets de l'art, rien n'existe plus des vulgaires rancunes : tout s'élève et s'apaise.

Aucune des difficultés, semées à plaisir sur sa route, ne retarda Verdi d'un pas. Il possédait une inlassable fermeté d'âme qui se peignait, trop nettement même, sur ses traits sévères. On s'est même demandé, à ce propos, si son échec inexplicable au Conservatoire de Milan ne devait pas être attribué à l'impassibilité de sa physionomie, qui prévenait mal en faveur d'un artiste.

Toujours est-il que, sous ce masque d'impénétrabilité, se cachaient des trésors de bienveillance et de bonne humeur. Un jour, un de ses amis, rendant visite à Verdi qui s'était retiré pour quelque temps dans une ville d'eaux isolée, le trouva dans une pièce qui lui servait à la fois de salon, de salle à manger et de chambre à coucher. Comme il en témoignait sa surprise, le compositeur le prit par la main avec un air mystérieux et lui fit traverser sans un mot plusieurs appartements remplis d'orgues de Barbarie de toutes formes et de toutes couleurs; il y en avait quatre-vingt-quatorze. Le visiteur, stupéfait, commençait à regarder Verdi avec une certaine inquiétude, lorsque celui-ci éclata de rire et dit :

« Vous me croyez fou? Pas du tout. Seulement, tous les matins, j'étais réveillé par un de ces instruments endiablés qui écorchaient à l'envi sous mes fenêtres les airs de mes opéras. Alors je les ai tous achetés. J'en ai pour quinze cents francs; mais au moins je dors tranquille. »

Cette anecdote montre à quel point la musique de Verdi était populaire. Il ne pouvait faire un pas sans en recueillir les échos plus ou moins harmonieux.

Son œuvre est d'ailleurs immense; on dirait que les Italiens chantent comme ils parlent. S'il est malaisé de distinguer, parmi tant d'opéras, la pièce maîtresse du grand musicien, on peut du moins citer : *Ernani*, *Jérusalem*, les *Vêpres siciliennes*, *Don Carlos*, où son style

Verdi (Giuseppe).

semble s'être modifié selon le goût français. Plus prestigieux encore apparaissent *Rigoletto*, d'un puissant effet dramatique, où domine le superbe quatuor du troisième acte ; le fameux *Trouvère*, si tragiquement expressif ; la

Traviata, au sujet lugubre ; *Aïda,* qui valut au maître trente-deux rappels ininterrompus sur la scène ; *Othello, Falstaff,* chef-d'œuvre de verve, datant de la quatre-vingt-unième année de Verdi.

Quant à son *Requiem,* composé à la mémoire de Manzoni, bien qu'on ait pu reprocher à l'auteur de s'y être montré homme de théâtre, c'est une œuvre imposante, un dialogue solennel aux phrases poignantes entre les choses d'ici-bas et celles d'au delà.

Le génie de Verdi a été l'un des plus discutés. Ses fidèles mêmes reconnaissent que son œuvre est loin de posséder la beauté souveraine de ceux des grands maîtres allemands. Non que l'illustre compositeur ait dédaigné l'école d'outre-Rhin : tout au contraire. Et par parenthèse on ne saurait trop admirer l'extraordinaire courage avec lequel ce passionné de son art, parvenu à soixante ans au sommet de la gloire et de la fortune, entreprit, tout en gardant sa nationalité musicale, d'adapter à ses inspirations d'*Aïda,* d'*Othello* et de *Falstaff,* les nouvelles théories :

« La musique de l'avenir, disait-il, ne me fait pas peur. »

On reproche cependant au grand romantique l'abus de l'instrumentation, une certaine vulgarité de moyens produisant des effets plus mélodramatiques que dramatiques, un souci trop visible de frapper, de chercher à éblouir plus qu'à pénétrer, et à toucher la sensibilité plutôt que le fond du cœur.

Tout cela n'est que trop vrai. Cependant Verdi reste un enchanteur qui souvent conduit insensiblement les plus sévères critiques de l'indulgence à la sympathie, de la sympathie au ravissement. Il a des coups d'aile splendides, des essors en plein azur, un pouvoir merveilleux de charmer sans laisser le temps de la réflexion, et de faire vibrer tout l'être.

A la vérité, les émotions qu'on éprouve ont plus de force que de douceur. Bien que l'on relève dans les opéras de Verdi des passages pleins de grâce et de souriante poésie, tel le fameux brindisi de la *Traviata*, dans l'ensemble une tristesse âpre et sombre y plane, où passent tour à tour la souffrance et la mort, et l'âme des spectateurs s'emplit d'une pitié qui va jusqu'à l'effroi.

Vous connaissez cette scène, la plus fameuse du *Trouvère* : un chœur d'invisibles moines psalmodie le *Miserere;* à travers ce chant, dans une lamentation, la cantilène de Léonora monte vers la tour où Maurico est captif; puis, comme le glas funèbre sonne, s'exhale l'adieu déchirant de celui qui va mourir :

> Ah! che la morte ognora
> E tarda nel venire
> A chi desia morir!
> Addio,... Leonora!

Je ne citerai que pour mémoire la scène finale d'*Aïda*, où, l'esclave ayant voulu suivre dans la mort Radamès

— condamné à être enterré vivant — le duo d'amour et d'agonie s'élève des entrailles de la terre.

En lisant ces derniers détails qui rappellent les plus lugubres inventions du roman-feuilleton, on a un peu envie de sourire. Mais, ô miracle de l'art! lorsqu'on les suit à la scène, ce sont des larmes qui montent du cœur.

Si d'ailleurs les puissances de l'enfer semblent se déchaîner dans son œuvre, Verdi a su mettre le ciel dans sa vie tout ennoblie, à la fin de sa carrière, de beauté et de bonté. Massenet a raconté, dans une page charmante, la visite qu'il lui fit au palais Doria, qu'il habitait, l'hiver, à Gênes :

« Ouvrant, dit-il, une des hautes portes-fenêtres du salon, il m'attira sur la terrasse d'où l'on dominait le merveilleux port de Gênes. Spectacle inoubliable!

« Cependant, ce qui me reste surtout en l'esprit de cette vision féerique, c'est le souvenir de Verdi lui-même et de son attitude. Tête nue et droit sous le soleil écrasant, je le verrai toujours me montrant, sous nos pieds, la ville chatoyante et la mer dorée, d'un geste fier comme son génie et simple comme sa belle âme d'artiste. »

Mais le maître préférait encore le séjour d'été de sa villa de Busseto, autour de laquelle s'étaient édifiés, sous sa propre direction, les maisons de refuge et les hospices. Là, tout lui parlait du bien qu'il avait semé, et une unanime gratitude l'entourait d'une atmosphère de dévouement et de bonheur.

O merveille que le grand artiste a réalisée dans la manifestation glorieuse d'une nouvelle sublimité de l'art! Des hauteurs de la jouissance et de la fortune terrestres où son génie l'avait transporté, il répandait, par les flots d'or coulant de ses mains pleines, de magnifiques bienfaits parmi ses cultivateurs; et l'âme de ces humbles, par un magique retour, s'élevait aux accents de la musique du maître vénéré autant qu'aimé.

Si la peinture n'était malheureusement impuissante à reproduire une telle évocation, quel splendide sujet pour un peintre que cette scène, telle qu'elle me fut décrite! Souvent l'illustre compositeur, aux crépuscules des soirs d'été, si beaux dans la campagne milanaise, se promenait avec Mme Verdi, son admirable femme. Et voici que les voix lointaines des paysans, occupés aux derniers travaux de la journée, montaient vers lui en cadence; elles nuançaient, dans une heureuse harmonie, avec ce merveilleux sentiment que seul possède le peuple italien, les passages célèbres de ses œuvres. Les lèvres et l'âme du vieux maître, évoquant le passé couronné de triomphes, chantaient avec elles; et comme s'allumaient les premières étoiles, le chœur là-bas mourait, telle une prière, avec l'Angélus du soir.

GOUNOD (Charles)

1818-1893

Un rêveur qui aima le rêve, un vivant qui aima la vie, un chrétien qui aima le Christ, un cœur aimant qui aima l'amour, par-dessus tout, un sensible : tel fut Gounod. Les cordes de son cœur, tendues à se briser, frémissaient au moindre heurt intime, au moindre choc extérieur : elles ne vibrèrent jamais plus longuement que sous l'archet de l'amour.

Son existence, peu mouvementée, fut plutôt heureuse. De degrés en degrés, il parvint au succès, puis au triomphe, sinon sans ennuis, au moins sans grandes amertumes (on le sent dans sa musique). Il fut le soleil d'un beau jour qui se lève parmi quelques nuages, rayonne en un ciel éclatant et se couche dans la pourpre de la gloire.

Sa grand'mère, nous dit-on, à la fois poète et musicienne, composait, chantait, jouait la tragédie comme

Mlle Duchesnois et la comédie comme Mlle Mars. Gounod hérita de cette brillante souplesse d'esprit. Mais surtout le cœur de sa mère, qui, demeurée pauvre et veuve, l'éleva avec une sollicitude et un courage jamais lassés, laissa en lui son empreinte : il puisa au foyer ce besoin d'affection qui ne le quitta plus.

Un certificat d'un de ses professeurs de collège le représente ainsi : « Le caractère est ouvert, gai, vif, un peu mobile, excellent à tout considérer; c'est un enfant aimable qui donnera de la satisfaction à ses maîtres et deviendra la consolation et l'orgueil de sa mère. »

Sa vocation se révéla avec une telle fougue, qu'il surmonta tous les obstacles, dont le plus grave était la résistance de sa mère. Tout enfant, il était déjà un exécutant remarquable; mais surtout il avait le sentiment profond de la musique. Oh! cette audition de *Don Juan,* remplaçant les étrennes d'un jour de l'an, dont la seule évocation le transportait encore!

« Ce fut, dit-il dans les *Mémoires d'un artiste,* d'un bout à l'autre de la partition, un long et inexprimable ravissement. J'éprouvai cette sorte de béatitude qu'on ne ressent qu'en présence des choses absolument belles qui s'imposent à l'admiration des siècles. »

Vint l'adolescence, et avec elle le grand prix de Rome. Le jeune musicien vécut à la villa Médicis des heures radieuses. Il eut là une crise d'enthousiasme pour Palestrina. Puis, aux soirées dominicales de l'Académie, il connut Fanny Hansel, la sœur de Mendelssohn, cette femme exquise, musicienne et compositeur, dont la mort désespéra l'auteur des *Romances sans paroles* et qui initia le jeune homme à l'art des maîtres allemands.

« Gounod, passionné et romantique à l'excès, dit-elle dans ses notes, est d'une expansion extraordinaire et se trouve toujours à court d'expressions quand il veut me faire comprendre quelle influence j'exerce sur lui et combien ma présence le rend heureux. Notre musique allemande produit sur lui l'effet d'une bombe qui éclaterait dans une maison. Jugez du désarroi ! »

Gounod n'oublia jamais ces beaux soirs de ferveur musicale, non plus que les promenades en barque avec ses camarades et Mme Hansel, sur les flots enchantés du golfe de Naples, dont la lune baignait de mystère le murmure plus immense dans la nuit.

En même temps le mysticisme pénétrait dans son âme ouverte à toutes les tendresses. Déjà, à Rome, il était du nombre des jeunes gens groupés autour de la chaire de Lacordaire, vibrante d'un verbe magnétique. Dans l'impression de déchirement et de solitude que lui laissa son départ de Rome[1], ce sentiment ne fit que s'accentuer. Organiste à l'église des Missions étrangères, il laissait

---

[1] « Tant que la route le permit, écrit-il, mes yeux demeurèrent attachés sur la coupole de Saint-Pierre, ce sommet de Rome et ce centre du monde ; puis les collines me la dérobèrent tout à fait. Je tombai dans une profonde rêverie, et je pleurai comme un enfant. »

son cœur s'épancher dans le Christ et son âme s'élever vers le Père, à travers l'harmonie suave ou splendide de l'adorable instrument. Même il entra au séminaire et porta quelque temps l'habit ecclésiastique.

Ainsi, dans toute la vie de ce grand fiévreux d'amour et d'idéal, que la beauté exaltait vers le ciel, mais qu'une soif plus pressante de satisfactions immédiates ramenait vers la terre, la tendresse humaine se mêla à l'amour divin dans un équilibre souvent troublé. Trop haut pour ignorer que le bonheur n'existe pas ici-bas, il était trop sensible pour ne pas en rechercher les reflets errants.

Aussi son premier succès, — l'exécution applaudie et fêtée de quatre de ses compositions à Londres, — bouleversa sa nature avide et mobile et l'arracha sans peine aux idées monastiques. Comme le théâtre l'attirait, il parvint à faire représenter *Sapho,* opéra de tendances originales pour l'époque, où se révélaient la sûreté et l'élévation de son talent et dont les admirables stances finales avaient tant ému Berlioz, que Gounod le rencontra dans les couloirs, tout en larmes :

« Venez, mon cher ami, s'écria le jeune auteur, venez montrer ces yeux-là à ma mère : c'est le plus beau feuilleton qu'elle puisse lire sur mon œuvre !

Par une réaction toute naturelle, le compositeur revint à la musique sacrée et, exilé de Paris, n'interrompant son travail que pour lire saint Augustin, il composa cette *Messe de sainte Cécile,* d'inspiration si haute et si sereinement recueillie, qu'une aurore céleste semble y reposer.

Tout cela n'était qu'un prélude. Le 19 mars 1859, *Faust* parut. Il est superflu d'analyser cet opéra si somptueusement pittoresque, si intimement émouvant, où montent, en un immense crescendo, toute la suavité de la tendresse, toute l'ardeur de la passion. Gounod y rompait avec les procédés de l'école italienne, mêlant l'orchestre aux mouvements du drame et adaptant la mélodie à la parole, tout en gardant la cadence — ainsi dans cette phrase exquise : « Laisse-moi contempler ton visage, » où le chant, ayant flotté au gré de l'émotion amoureuse, s'envole, plane et retombe en une mourante douceur. — Et tant d'autres airs, devenus quasi populaires : « Paresseuses filles, » où s'éveille la grâce fluide de l'aurore; l'invocation « O belle nuit! » où s'épand en larges ondes l'extase presque religieuse des étoiles d'amour; l'air des bijoux; la phrase « Salut, demeure chaste et pure, » où, dans l'attendrissement, s'endort la passion; la chanson du roi de Thulé; le chœur ailé et éclatant des anges, etc.

La salle, divisée en deux camps, était houleuse, et le succès fut douteux, malgré l'inoubliable révélation du talent de Mme Carvalho dans le rôle de Marguerite. Il est vraiment déconcertant de relire les étranges comptes rendus de l'époque, où l'auteur est âpre-

Gounod (Charles).

ment blâmé de manquer de mélodie et de tout ce qu'on lui reproche aujourd'hui furieusement d'avoir trop recherché.

Bientôt le vague succès de *Faust* grandit à travers l'Europe, jusqu'au triomphe universel. L'heure unique avait sonné pour le maître. Tous les lauriers tombaient à ses pieds; tous les encens montaient vers son front dans le lointain murmure de la renommée. Plus que tout autre, il connut la délicate griserie des hommages intimes, joignant au prestige de l'artiste les brillantes qualités d'un charmeur. Au milieu de ses amis, la vie intense qui courait en lui se répandait au dehors avec une telle expansion, que sa gaîté en devenait fébrile. Dans les salons où sa physionomie expressive aux longs cheveux noirs, aux yeux profonds et pénétrants, attirait les regards, sa conversation souvent hyperbolique, parfois paradoxale, toujours étincelante, rehaussée par son étonnante mémoire, son érudition philosophique, son élévation d'idées, sa spirituelle bienveillance, séduisait les esprits; et plus encore, lorsqu'il interprétait lui-même ses mélodies, sa voix peu forte, mais exquisement timbrée et nuancée, charmait les cœurs.

Après la représentation de *Philémon et Baucis*, ce charmant et court opéra-comique, Gounod alla s'installer dans le pays de *Mireille*. Et bientôt parut cet opéra-comique, tantôt d'une tendre fraîcheur, tantôt d'une sauvage ardeur, où le souffle de Mistral anime une musique singulièrement colorée, que semble ensoleiller toute la vie de la Provence.

Puis vint *Roméo et Juliette,* d'un lyrisme puissant, d'une intense émotion dramatique, où s'élargit, s'enfle et déferle comme une houle la grande passion des légendaires héros.

Le croirait-on? On reprocha à Gounod de s'être laissé, dans cette pièce, influencer par Wagner. Sans doute pourrait-on admettre que son art, par certains de ses procédés, conduit de la musique italienne au wagnérisme. Mais là s'arrête tout point de contact : autant l'art du maître allemand était somptueux et compliqué, autant celui de Gounod fut simple et sobre.

Ce grand artiste était avant tout, nous l'avons dit, un sensible. Et il semble que ce soit sa sensibilité qui ait pour ainsi dire créé sa musique, tant cet art est subjectif, tant il révèle l'abandon du cœur plutôt que l'exaltation de l'esprit.

Parce que les sensibles sont des aimants, la musique de Gounod est une musique d'amour, qui tour à tour remonte et redescend de l'humain au divin, du divin à l'humain. Et parce que, dans l'expression des ivresses terrestres, elle garde, d'avoir effleuré le ciel, une tendresse élevée, délicate et pure, elle plaît aux femmes et aux jeunes gens, plus qu'aux hommes, aux sentimentaux plus qu'aux passionnés. Gounod avait l'âme d'un poète.

Sa mélodie épanche la douceur intime d'une caresse, non la caresse miséricordieuse qui apaise, — car pour savoir consoler, il faut presque toujours avoir beaucoup souffert, — mais la caresse affectueuse qui berce la joie et enchante l'amour. Il s'en exhale cette impression indéfinissable et souveraine : le charme, « ce charme profond, dit Saint-Saëns, qui s'insinue dans les veines, qui pénètre jusqu'au cœur, dont il est impossible de se défendre et qu'aucun musicien n'a peut-être possédé à un pareil degré. »

De fait, le public de scène ou de salon n'a jamais délaissé Gounod, qui, en dehors du théâtre, a composé beaucoup de mélodies. Et Dieu sait si les critiques se sont déchaînées sur son œuvre! « Musique de lorette, » avait dit Wagner; « musique volontiers banale, d'une banalité énorme et ingénue et d'une câlinerie sucrée, » répète après lui M. Camille Mauclair, qui veut bien pourtant lui reconnaître quelque talent, et d'autres qui ne lui en accordent pas du tout. — « Musique toujours substantielle et savoureuse, réplique Saint-Saëns, qui a bien quelque compétence. Le temps viendra où le grand maître français, placé sur le trône d'or auquel il a droit, recevra l'encens des générations futures. »

Que croire? Que sans doute la vérité est, comme toujours, entre les opinions extrêmes, et que l'art de Gounod, où se retrouve l'influence de Bach, de Mozart et de Mendelssohn, est au moins l'expression d'un talent très éminent, auquel nul ne saurait en outre dénier le mérite, non négligeable, d'avoir élargi l'horizon de la musique française et éclairé son avenir.

Le crépuscule de sa vie fut d'abord assombri. S'étant exilé en Angleterre, en 1870, pour éviter les misères de la guerre, il y connut de nouveaux triomphes, mais y subit mille ennuis à la suite d'une bizarre aventure. De retour à Paris, il composa une partie musicale pour une pièce de Jules Barbier, *Jeanne d'Arc,* puis *Polyeucte,* opéra d'un style élevé et d'un souffle parfois puissant, mais quelque peu monotone et de genre suranné, dont l'échec le désola.

« Périsse mon œuvre, périsse même *Faust,* disait-il; mais que *Polyeucte* soit repris et vive ! »

Ses œuvres finales furent ces oratorios : *Rédemption* et *Mors et Vita,* dont Saint-Saëns dit ceci auquel on ne saurait rien ajouter, et qui étonne même quelque peu : « Quand les opéras de Gounod seront entrés dans le sanctuaire poudreux des bibliothèques, ses oratorios resteront sur la brèche pour apprendre aux générations futures quel grand musicien illustrait la France au xixe siècle. »

Les dernières années furent paisibles. A son hôtel de Paris, l'hiver, et à sa villa de Saint-Cloud, l'été, le maître lisait, pensait, écrivait ces admirables pages sur l'art qui le classent au rang des écrivains, jouait ou se faisait jouer à son grand orgue les œuvres des maîtres, surtout de

Bach, pour qui, comme César Franck, il avait un véritable culte. Entouré de l'affection des siens, des hommages des jeunes artistes, il apparaissait à son foyer comme un patriarche, avec sa longue barbe encadrant sa belle tête inspirée que l'âge avait encore ennoblie.

La mort de son petit-fils, si cruelle pour le grand'père, qui rajeunissait son âme à la grâce frêle de l'enfant, hâta sa fin. Il venait de composer à sa mémoire un *Requiem* et le faisait entendre aux siens; et tout à coup, comme la voix affaiblie, mais pure encore, du vieillard, s'élevait dans les accords recueillis de l'orgue, sa tête s'inclina. L'âme sensible et aimante, soutenue par la foi, soulevée par l'harmonie, s'était détachée doucement de la terre. Le grand artiste était entré dans ce repos éternel qu'il chantait, la voix éteinte dans l'infini et les yeux clos vers le ciel.

DAVID (Félicien)

1819-1876

Qui dira le charme qu'évoque ce seul mot : l'Orient! C'est comme une aube qui se lève et tout un monde d'éclatante lumière et de somptueuses fleurs, de caresse et de flamme, de langueur et de songe, qui jaillit, vibre, brille et s'efface, comme à regret, dans un mystère.

Félicien David donna à ses contemporains cette joie, si goûtée alors à cause de la rareté des voyages, de les transporter, dans ce monde ignoré, par le plus subtil de tous les arts. Sa musique, merveilleusement colorée, comme une fée à la baguette magique, ressuscita les heures qu'il avait vécues dans la rayonnante chaleur des jours et la sombre ardeur des nuits de là-bas.

Déjà sur son enfance (il était né dans la Vaucluse) avait lui cette chaude lumière qui devait plus tard l'éblouir. Hélas! le soleil ne suffit pas à réchauffer le cœur. A cinq ans, l'enfant était orphelin et la petite âme frileuse s'ouvrait à la vie sans le sourire d'une mère. Heureusement sa sœur, beaucoup plus âgée, lui vint en aide. Tout de suite sa vocation se précisa : admis à la maîtrise d'Aix, sa voix ravissante de soprano l'avait fait surnommer le Séraphin.

Dans cette enfance on peut lire sa destinée : d'une part, la tristesse qu'apportent les ennuis et la gêne; de l'autre, la joie secrète et inviolable de l'âme qui, au milieu des pires misères, d'un coup d'aile s'évade et s'envole dans le bleu en écoutant chanter son rêve. De là ce mélange de force paisible et d'idéalisme un peu nuageux, qui donne à la physionomie de David un caractère très particulier et très attirant.

Élève des Jésuites (on avait obtenu une bourse pour lui), Félicien fit, non sans succès, ses humanités. Mais les lettres mêmes lui semblaient lourdes et matérielles, à lui qui avait savouré le délice de l'harmonie. Il interrompit ses études et revint à la musique, comme chef d'orchestre à Aix.

Puis, — comme il arrive toujours, — son désir bondit vers Paris. Mais au rayonnement artistique de la capitale se mêlaient, comme aujourd'hui, d'autres reflets : ville de lumière, ville d'argent aussi. O argent! que de fois les artistes ont dû te maudire! et que Paul Bourget avait raison jadis de te lancer son anathème :

L'argent, l'argent! c'est lui qui les pousse et les presse!

Inutile de dire que le jeune homme n'avait ni sou ni maille. Un oncle, très riche et plus encore économe, consentit, sur ses supplications et non sans de violentes résistances, à lui verser une pension de cinquante francs par mois. Il partit, plein d'enthousiasme, et fut reçu presque aussitôt au Conservatoire, sur la recommandation de Cherubini.

La vie lui souriait enfin d'un sourire quelque peu indécis, quand l'oncle, sans autre raison qu'un caprice d'avare, supprima la pension. Félicien regarda la pauvreté bien en face : son énergie grandissait avec les difficultés; il se sentit fort, laborieux et tenace. Il sut se procurer des leçons et reprit, d'un pas ferme et sûr, le chemin qui mène à la gloire.

Et puis, s'il passait de tristes heures, il en vivait de splendides. La solitude, après le coudoiement de la foule, était un paradis où le rêve musical planait d'autant plus haut que l'existence était plus terre à terre.

L'heure était venue où allait s'affirmer la destinée de Félicien David. Un groupe d'enthousiastes venait de fonder le saint-simonisme, cette doctrine utopique, mais généreuse, qui prétendait, en mêlant les fortunes et les misères, établir une hiérarchie sociale en donnant à chacun selon ses œuvres. L'âme du musicien, à cette brise si douce de l'égalité, vibra, comme plus tard l'âme d'un grand poète, Lamartine, au souffle impétueux de la liberté. De toute l'ardeur de sa jeunesse avide d'idéalisme, il se voua à cette sorte de christianisme malheureusement dévoyé. Dans la grande maison où les « frères », ayant fait vœu de célibat, vivaient en commun (c'était au haut d'une butte, au milieu d'un parc vaste et harmonieux), les songes du compositeur s'exaltaient. Il écrivait pour la communauté des chœurs (réunis depuis sous le titre de *la Ruche harmonieuse*) d'une large inspiration, que ces hommes chantaient de toute leur foi passionnée. Ainsi, s'il est vrai que le cerveau gagne en force ce que l'on dérobe à la matière, le talent de David se fortifiait : il conquérait cette sérénité dont sa musique est comme enveloppée.

Le saint-simonisme eut ce résultat inattendu, mais fort appréciable, d'ouvrir à David les portes de l'Orient. Les disciples, expulsés par le gouvernement, durent émigrer, et la mission saint-simonienne se répandit en Turquie, en Palestine, en Égypte, etc. Raconter les mille aventures que subit le musicien dans cette étrange odyssée, il n'y faut pas songer. Mais toute l'âme de l'artiste rayonna dans cette féerie, dont les vives couleurs ne nous apparaissent qu'à travers la brume de l'inconnu. Aux nuits orientales, lorsque les étoiles, larges et palpitantes, ouvraient leurs yeux profonds où dort l'insondable abîme d'un monde, toutes les beautés de ces contrées admirées au long du voyage revivaient en lui, plus éclatantes dans l'ombre des rêves. Et, dans le silence, il recueillait en lui les premières sonorités de la musique qui devait le rendre célèbre.

Au retour, dans la solitude du cabinet où s'évoquaient, plus mystérieux dans le souvenir, les vibrations et les éblouissements de là-bas, les harmonies latentes s'éveillèrent un jour, comme les Belles des palais enchantés. Le *Désert* allait paraître.

Pas un compositeur peut-être n'a connu l'ivresse que David put goûter lors de la première représentation : en pleine obscurité la veille, en plein soleil le lendemain. « Place! messieurs, place! s'écriait la *Gazette musicale* de Paris; un grand compositeur nous est né. »

Cette ode-symphonie est une transposition merveilleuse d'impressions vécues. Les couleurs y vibrent; les sons y rayonnent; et lentement, comme un panorama sans fin, se déroule, aux yeux extasiés de l'esprit, tout l'infini du désert, tout l'inconnu du rêve oriental. Rien ne peut mieux donner une idée des sensations éprouvées à l'audition de ce chef-d'œuvre que ces lignes de Théophile Gautier, qui décrit ainsi la fameuse marche de la caravane:

« La caravane apparaît dans le lointain, mince comme un serpent noir sur la plaine jaune. C'est d'abord un *pianissimo* presque insensible et qui va toujours *crescendo* à mesure que la caravane approche. Il semble, tant le rythme est approprié et significatif, entendre les pas s'enfoncer dans la poussière brûlante et voir grandir d'instant en instant la proportion des figures. »

Dans ce triomphe, Félicien David demeurait modeste et calme.

Après le *Désert* vint une série d'œuvres qui, malgré leur agrément, ne retrouvèrent pas le même succès :

David (Félicien).

Moïse au Sinaï, oratorio d'un style très pur; *Christophe Colomb,* ode-symphonie d'un sentiment poétiquement évocateur, où l'on remarque le chœur à bouches micloses des génies de l'Océan; la *Perle du Brésil,* opéra-comique en trois actes, d'une ardente et sonore envolée; *Herculanum,* opéra d'une conception pleine de grandeur et d'une orchestration puissamment expressive, d'où le *Credo* se détache comme une belle page religieuse.

Tout cela ne satisfaisait pas ceux qui avaient fondé en l'auteur du *Désert* de grandes espérances.

« J'attends pour le juger, avait dit Auber, qu'il soit descendu de son chameau. »

Enfin Félicien David réapparut en triomphateur avec *Lalla-Roukh.*

Le sujet est, certes, comme dans beaucoup d'opéras, assez puéril et invraisemblable; mais, — ô prodige de la musique! — il s'anime et se colore jusqu'à captiver et attendrir. La douceur jusqu'à l'alanguissement, la gaieté jusqu'au comique, le rêve jusqu'à la mélancolie, la tendresse jusqu'à la passion s'y mêlent et s'y fondent dans un parfum oriental qui imprègne la pièce de ce charme exotique si précieux à nos âmes avides de mystère. Des chœurs d'une poésie limpide rehaussent des dialogues pleins de grâce et des mélodies suaves.

Si l'art de Félicien David, qui composa, outre ses œuvres scéniques, beaucoup de mélodies, est sans doute dénué de puissance, l'auteur du *Désert* n'en reste pas moins un grand musicien par son originalité. Il semble d'ailleurs, chose remarquable, ne se rattacher à aucune école. Le premier, il tenta de faire de la musique un art descriptif (Berlioz devait le dépasser dans cette voie); et son œuvre, qui nous paraît quelque peu suranné, portait alors en lui tant de renouveau, que l'enthousiasme des contemporains se comprend aisément. Ce qu'il faut admirer surtout ici, c'est le jaillissement de la lumière qui tantôt éclate en couleurs comme en un prisme merveilleux, tantôt se reflète avec netteté, comme en un miroir, — tout cela dans un plein équilibre, le style de David étant à la fois classique et personnel.

Il ne faut pas du reste s'arrêter uniquement à la forme. L'âme du maître était trop harmonieuse pour ne pas vivre dans sa musique. On y savoure pareille union de douceur et d'ardeur, d'idéalisme et de force, dans la même atmosphère sereine. Soutenue par une orchestration d'une rare et pittoresque expression, au milieu de chœurs enchanteurs, la mélodie s'épanche moelleuse, délicieuse; et souvent, de ce cœur d'artiste qui repoussa la passion, mais qui fut tendre, le rêve d'amour monte, si intimement caressant que l'âme en est alanguie.

La fin de la vie de Félicien David s'écoula dans une heureuse tranquillité. Le grand artiste, dont les triomphes n'avaient pas ému la modestie, et dont les démonstrations enthousiastes de la fameuse Lola Montés, devenue la favorite du roi de Bavière, n'avaient pu troubler, — admirable exemple, — la limpidité d'âme, recueillit, avant de mourir, les fruits de sa belle maturité. Un rayonnement de paisible gloire illumina son noble visage aux lignes pures, énergiques, expressives, encadré d'une abondante chevelure blanche et éclairé par des yeux noirs étincelants.

Bibliothécaire du Conservatoire, membre de l'Institut, pensionné de la liste civile, le maître n'en fuyait pas moins le monde, en fervent de la campagne. Il avait la passion des roses, qu'il greffait fort adroitement, s'amusant parfois à enter en pleine forêt de superbes espèces. Ainsi, de même que l'arome de l'idéal avait parfumé sa vie, le parfum des roses embauma sa mort.

On a regardé Félicien David comme un rêveur (un peu plus, on eût dit un rêvasseur). Cela, il le fut sans doute; mais il fut aussi un vaillant. Si élevé que soit l'esprit, il ne saurait dominer la vie et les sens sans une puissante volonté : et ce sont presque toujours ces essors et ces chutes, ces battements d'ailes déchirées qui désespèrent tant d'âmes supérieures. Sans doute David avait, pour demeurer sur les sommets, le grand soutien de l'art; mais, par cela même qu'il était artiste, il n'en était que plus impressionnable et fragile.

Et à tout prendre elle est belle, la figure de ce musicien illustre, qui put se tromper dans ses idées, mais qui sut unir à la sensibilité du cœur l'énergie de l'âme, et qui porte au front les trois rayons dont est faite l'étoile de la pureté : la sérénité, la douceur et l'élévation.

FRANCK (César)

1822-1890

Autant la musique surpasse les autres arts, autant la musique religieuse écrase les autres musiques, puisqu'alors la plus ardente et la plus pure jouissance humaine, qui déjà reflète le divin, se relie au divin même. Et c'est bien pourquoi elle s'élève à des hauteurs miraculeuses dans les hymnes des offices de l'Église, qui, du *Dies iræ* au *Te Deum*, semblent si manifestement inspirés de l'esprit céleste.

Mais, en dehors des chants liturgiques, depuis les Palestrina et les Bach, que de chefs-d'œuvre inspirés par le christianisme : musique d'église ou oratorios! Il n'est guère de maître qui n'ait réchauffé son génie à ces rayons et à ces flammes. Et, d'ailleurs, tout notre art musical est né en plein christianisme et du christianisme même : « La religion chrétienne, dit Chateaubriand dans le *Génie du Christianisme,* a inventé l'orgue et donné des soupirs à l'airain même; elle a civilisé les sauvages par des cantiques; elle a enseigné l'amour et l'harmonie. »

L'existence moderne, à vrai dire, n'est guère faite pour la méditation et l'art mystique. Nous vivons dans une ardeur fébrile et désordonnée.

Mais il y a toujours eu des hommes qui, en plein éclat de bruits et de couleurs, ne voient pas et n'entendent pas; qui, dans les pires cohues, suivent doucement leur chemin sans même sentir la poussée des passants; — il y aura toujours des César Franck qui, dans les plaisirs d'un siècle effréné, n'auront connu que la joie du travail, aimé que l'ivresse de l'art, adoré que la splendeur de Dieu.

En vérité, devant un œuvre si noble, jailli d'une si noble vie, on se sent pris d'admiration et d'envie. Ainsi donc, rien n'a pu troubler le céleste rêve de cet homme : ni le tumulte de Paris, ni la jalousie de ses confrères, ni l'indifférence du public; et il a passé ici-bas, plus auréolé que les glorieux, plus aimant que les amants, plus comblé que les riches, réalisant cette vision lumineuse du *Sage* d'André Delacour :

>   Son pas sème après lui la clarté reposante
>   Que fait la certitude et donne la vertu;
>   Lui seul, il est léger sur la terre pesante...

Son histoire? Elle est bien simple, ou plutôt il n'en a pas. César Franck naquit, travailla et mourut. Mais, dans ce travail, que de vie! que de beauté, de souffrance et d'amour! « Quoique j'aie beaucoup connu César Franck, dit M. de Fourcaud, je suis peu au courant de sa biographie. Le maître pratiquait d'instinct la maxime du sage, cachant sa vie, montrant ses œuvres. »

Nous savons simplement que la Belgique eut l'honneur de lui donner le jour, en sorte que Franck eut deux patries : celle de naissance et celle d'adoption, qui fut la France; car, dès l'âge de douze ans, il vint avec son père à Paris, où il fut reçu au Conservatoire. A sa sortie, il peina longtemps, obscurément, courant les cachets le jour pour vivre de la vie du corps, s'enfermant le soir pour vivre de la vie de l'âme. Il se maria, fut organiste à Saint-Jean-Saint-François, puis à Sainte-Clotilde (quelles fêtes d'harmonie intimes il y célébra!) et devint professeur au Conservatoire.

Ce fut là le sommet de son existence. Dès lors il était heureux, puisqu'il pouvait répandre autour de lui sa pensée et ses idées musicales. De fait, nul ne sut plus intimement s'attacher ses élèves, sur qui sa flamme intérieure rayonnait, subtile et ardente, et qu'il aimait. Mieux encore : ceux-ci, tels les apôtres du Christ, étaient et sont restés unis par l'amour et la vénération qu'ils avaient pour leur maître. Détail bien charmant et bien significatif : le mot de César Franck, pour juger une de leurs compositions, était : « J'aime, » ou : « Je n'aime pas. »

Et jamais volontairement ce génie au grand cœur tendre ne fit quelque peine à qui que ce fût.

Les disciples, — dont Vincent d'Indy, qui a écrit sur son éducateur un livre de pieuse beauté; Charles Bordes, le vaillant apôtre de la musique religieuse; Arthur Coquard, Augusta Holmès, Henri Duparc, Guy Ropartz, Guillaume Lekeu, Ernest Chausson, Alexis de Castillon (ces trois derniers prématurément ravis à l'admiration affectueuse de leurs amis), — ont gravi après le maître les degrés d'or de la renommée. Les symphonistes franckistes forment le groupe le plus serré, le plus vivant qui se puisse opposer à l'école traditionnaliste, et c'est par eux que la musique française domine aujourd'hui le monde.

Seul, en effet, César Franck put arracher plusieurs intelligences brillantes à la fascination wagnérienne en leur montrant, reliées aux routes glorieuses du passé, de nouvelles voies, en créant lui-même un art symphonique fondé sur les traditions de Beethoven. Aussi l'influence du « père Franck », comme on l'appelait, n'est plus contestée.

Cette influence, l'auteur des *Béatitudes* l'a due à la seule puissance de son inspiration; car l'idée ne lui vint même pas d'intriguer pour établir un lien entre le public et lui. Il dédaigna, ou plutôt, — car cette sainte âme ne savait pas dédaigner, — il ignora le dédain de la foule. Seule le guida, dans le labyrinthe de la gloire, la clarté de son rêve où il goûta, dans toute sa pureté, l'infinie douceur de la musique.

Mais aussi qu'elle était admirable, sa simplicité de

Franck (César).

caractère! Son visage, dépouillé de ce masque de défiance, dont souvent, hélas! l'expérience couvre les traits en face d'autrui, resplendissait de candeur, ce noble visage au vaste front lisse, au teint rosé dans la neige des cheveux blancs.

Et quand il jouait, quand il improvisait surtout (en cet art, il fut merveilleux), toute cette figure s'éclairait, s'idéalisait, s'angélisait. Rien n'était plus autour de lui. Un jour, à l'audition, trop rare, d'une de ses œuvres, Gounod, qui ne goûtait que médiocrement un genre assurément fort éloigné du sien, se leva avec bruit et se retira en disant :

« Cela n'est pas de la musique. »

Les élèves de Franck, navrés, se précipitèrent pour que la chaleur de leur affectueuse vénération le consolât de cet affront. Mais lui n'avait rien vu, rien entendu, perdu dans les nues de l'harmonie et de l'extase.

Une autre fois, en entendant exécuter un de ses ouvrages, il se pencha vers son voisin, le cœur débordant, les yeux noyés, et murmura :

« N'est-ce pas que cela est beau? »

Et cela n'était point risible, car il n'entrait pas dans ce jaillissement d'âme la moindre vanité; mais candidement, dans le vrai sens du mot, il aimait la beauté de son œuvre comme il eût aimé celle d'une autre, parce qu'elle était la beauté.

La musique de César Franck, c'est toute son âme, toute sa vie : l'ingénuité et la profondeur, la pureté et la transcendance, la candeur et le génie. Son originalité, séduisante entre toutes, est justement cet accord, si rare, de la limpidité de pensée et de la science d'expression. Certes, un tel art est trop haut pour venir à nous :

il faut le pénétrer et s'élever jusqu'à lui à travers une orchestration parfois compliquée, malgré le merveilleux agencement des parties. Mais, parvenu aux sommets où, dans un air plus pur, se prolongent ses vibrations profondes, on découvre, comme dans la musique de Wagner, des horizons splendides ; et au lieu que, dans celui-ci, ces horizons s'étendent en profondeur, chez Franck ce sont, toujours plus hauts, de nouveaux sommets qui montent dans la foi, dans la clarté, dans l'infini, évoquant ces beaux vers d'Albert Samain :

> Les routes, les cités, les campagnes reculent ;
> Toutes les visions de la terre s'annulent,
> Et seuls, les grands sommets dans la lumière ondulent
> Comme les vagues de la mer.

César Franck fut un croyant, de toute son âme. Et point n'était besoin pour lui, sans doute, d'approfondir. Comme les extatiques de la haute mystique, il *voyait*, et son génie ne fut qu'une offrande quotidienne au Christ et à Dieu, jusqu'à ce que, par un retour d'ailleurs constant, il redescendît, sans s'abaisser, vers la foule, du jour où elle le comprit, — mystérieuse échelle de Jacob où les anges de l'harmonie vont et viennent du ciel à la terre. La foi de Franck ressemble à celle de Bach, pour qui d'ailleurs il s'était passionné, et qu'il semble avoir renouvelé dans son art et jusqu'en sa destinée.

Cependant rien de sévère ne refroidit sa musique.

Il y avait dans cet humble de cœur d'exquises tendresses dont l'écho émeut et ravit et, en adoucissant l'élévation de son art, le rend vraiment presque divin.

On a comparé César Franck tour à tour à Bach, à Beethoven, à Berlioz. Son génie semble en effet une synthèse des grandeurs de ces trois maîtres : religieux comme Bach, planant comme Beethoven, créateur comme Berlioz. Mais cette diversité même de rapprochements fait ressortir sa forte personnalité.

Les principales œuvres du maître sont : *Ruth,* un oratorio qui rappelle le genre de Méhul; *Psyché,* poème symphonique rempli d'une grâce poétique et mystiquement amoureuse (le grand artiste était si pur, qu'il transformait inconsciemment l'amour profane en amour séraphique); la *Messe à trois voix,* où s'épanouissent, dans une auréole de paradis, le *Kyrie* et l'*Agnus; Rédemption,* oratorio d'une grandiose conception, d'un plan génial, où le compositeur semble avoir rêvé dans le ciel et chanté avec les anges; le *quatuor en ré majeur,* au larghetto profond et élevé comme un andante de Beethoven; les trois chorales pour orgue; enfin, l'œuvre maîtresse, les *Béatitudes,* ce large oratorio d'une splendeur et d'une sublimité sans égale en notre temps, où le Christ, ayant trouvé en musique le poète clairvoyant qu'il n'a pas encore rencontré en littérature, se montre dans sa vérité, resplendissant à la fois de majesté divine et d'humaine compatissance.

Un accident misérable abrégea la vie du grand compositeur. Comme il passait dans une rue, un omnibus se renversa près de lui, et le timon le serra contre le mur. Des complications se déclarèrent quelques mois après. Il s'alita, et ne se releva pas.

L'évocation de ses improvisations aux grandes orgues le ravissait encore pendant sa maladie :

« Ah! le *Magnificat*, disait-il un jour au curé de Sainte-Clotilde, qui l'assista à l'heure suprême, je l'ai tant aimé!... En ai-je improvisé des versets sur ce beau texte! J'en ai écrit un certain nombre; je les reprendrai dès que je serai guéri; ... ou bien, ajouta-t-il plus bas, Dieu permettra que je les achève... dans son éternité! »

Sous une enveloppe frêle, ce fut une âme très haute et très belle, qui passa ici-bas. La gloire, avec son cortège d'amertumes, n'a pas troublé la paix de sa destinée. Mais, après sa mort, elle est venue à lui, radieuse, pour que les hommes pussent, en la contemplant, éclairer leur rêve. A l'ombre de cette église Sainte-Clotilde que le maître a tant aimée, dans le square où s'érige son monument, l'Ange de l'inspiration étend ses ailes sur le maître méditant devant l'orgue de pierre, afin que les passants, détournés un instant des soucis vulgaires, élèvent vers lui les yeux et l'âme, et sentent frémir, sous le grand ciel léger, le souffle de l'immortelle Beauté.

REYER (Ernest)

1823-1909

C'est avec respect que l'on doit saluer l'éminent compositeur qui est l'un des piliers de gloire de la musique moderne. Il descend, — illustre lignée, — de Weber, de Wagner et de Berlioz. Mais il garde son indépendance, car il a su non seulement, par un habile éclectisme, concilier plusieurs tendances en un genre unique, mais encore se créer un art qui est de lui et rien que de lui.

Sa vie est peu accidentée; son histoire n'est guère que celle de son art. Ernest Rey, dit Reyer, est né à Marseille, dont les couleurs éclatantes semblent miroiter dans ses œuvres. Tout enfant, il entra à l'école communale de musique, où il recueillit ses premiers lauriers. De ses rapides progrès ressortait une vocation si ferme, que ses parents en prirent ombrage, redoutant pour leur fils la carrière artistique, périlleuse et incertaine. Pour l'éloigner de la tentation, on envoya l'adolescent en Algérie, comme employé chez son oncle, M. Farrenc, qui remplissait à Constantine les fonctions de trésorier-payeur.

Chacun sait que le fonctionnarisme est le refuge des artistes peu ou point fortunés; il leur assure, en ne leur imposant qu'un travail régulier et exempt de soucis, le pain quotidien et souvent d'abondants loisirs. Sans doute Reyer, contrairement à ce qu'on pourrait croire, fut un comptable ponctuel, puisqu'il resta chez son oncle jusqu'en 1848. Mais, bien loin de délaisser la musique, il s'y fortifiait. Non content d'étudier dans l'isolement de la chambre, avec la belle ardeur de la jeunesse il organisa des concerts, publia des romances, présida des réunions où sa verve et sa vivacité provençales faisaient merveille; bref, il se trouva bientôt à la tête des dilettantes algériens. Plus tard même, avant de dire adieu à la vie orientale, il composa et fit exécuter, lors de l'arrivée du duc d'Aumale à Alger, une messe remarquable qui attira l'attention sur lui.

Le grand artiste doit avoir gardé un lumineux souvenir de sa jeunesse vécue dans cette Algérie ardente, dont le reflet attire et dont la clarté fascine ceux qu'elle accueille, si puissamment que beaucoup, ayant franchi le seuil du palais enchanté, ne peuvent plus le quitter, même pour retrouver le ciel de France. C'est là, n'en doutons pas, que la musique de Reyer a pris cette teinte voluptueuse, cette coloration chaude, cette puissance descriptive qui la font vivre d'une vie intense; et c'est là aussi que naquit, dans l'obscurité d'un rêve qui ne devait se réaliser que beaucoup plus tard, son chef-d'œuvre, *Salammbô*. Il est d'ailleurs remarquable que ses principales œuvres, sauf *Sigurd*, se déroulent dans le cadre oriental.

Survint la révolution de 1848. Reyer se trouva amené par les circonstances à Paris, où l'entraînaient ses plus chers désirs. Il arrivait plein d'espoir, fortifié par ses premiers succès : il dut reconnaître qu'il était loin du but. Avec sa belle obstination, le compositeur se soumit à un labeur acharné.

La Providence le guidait. Sa tante, Mme Farrenc, professeur de piano au Conservatoire et compositeur émérite, dont on a trop délaissé la musique de chambre brillamment classique, était alors universellement connue par son goût éclairé et sa méthode judicieuse. Formé à si bonne école, Reyer, même dans ses tendances les plus hardies, ne devait jamais se départir de cette sincérité qui est comme la base de son œuvre.

Toutefois la vie matérielle devenait un peu lourde au jeune homme qui n'avait pas de fortune, lorsqu'il rencontra sur sa route, comme un bon génie, Théophile Gautier. Le poète des *Émaux et Camées,* au rythme si coloré et qui, lui aussi, adorait l'Orient, sut vite apprécier le musicien dont l'art, par plusieurs côtés, répondait au sien et lui confia le scénario d'une ode symphonique dans le genre oriental, intitulée *Selam,* qui fut jouée au

Théâtre-Italien. On ne manqua pas de la comparer au *Désert* de Félicien David, et, avec cette malignité qui perce souvent dans la critique, on reprocha à l'auteur de

Reyer (Ernest).

l'avoir imité, alors que ces deux ouvrages ne se ressemblaient nullement.

Malgré le bon accueil fait à *Selam,* la route se resserrait et le but fuyait devant Reyer, qui, comme tous les jeunes, désirait surtout aborder le vrai théâtre. Pendant plusieurs années il erra à travers les déceptions des débuts. Enfin, grâce à la haute influence de Méry, qui écrivit pour lui le livret de *Maître Wolfram*, il put faire représenter à l'Opéra-Comique cette petite pièce d'un charme voilé, d'une grâce tendre et où ressort déjà l'intelligence de la scène, la plus grande qualité peut-être de Reyer.

Après *Sacountala*, ballet indien qui, par suite d'invraisemblables malechances, apparut et disparut comme un météore, vint *la Statue*, la première œuvre de grand style de celui qu'on appela désormais un maître. C'est dans cette pièce d'essor romantique, où brille un reflet du génie de Weber, que Reyer se laisse le plus doucement enchaîner par les fleurs de la rêverie, — même au point de rappeler un peu Gounod, — avec cette indolence orientale dont l'Algérie l'avait moelleusement pénétré. Il y faut citer la romance de Margyane, où la tendresse s'enveloppe de majesté, et le récit de Sélim rayonnant de lyrisme : « Mes yeux ont contemplé ton merveilleux empire. »

Puis ce fut *Érostrate*, poème mythologique dont l'échec fut sensible à l'auteur, puis *Sigurd*.

Sigurd, dont l'ouverture est un superbe morceau de concert, nous transporte dans le monde chaotique et fulgurant de Wagner. Parmi des décors fantastiques où tourbillonnent nymphes, lutins, gnomes, farfadets et autres fantômes, l'ardent chevalier, aux accents du cor d'Odin, délivre la Walkyrie qui, jalouse de sa rivale Hilda, meurt avec lui dans une apothéose. La musique est forte comme la passion héroïque qu'elle exprime; le drame, un peu froid comme tout ce qui est irréel, devient par elle poignant, et les héros de rêve y revêtent la pourpre du sang et de la vie. A travers les frondaisons touffues d'une harmonie savante et qui suit l'action dans ses replis intimes, s'ouvrent des clairières ensoleillées; ce sont de belles et graves mélodies qui chantent, telles la phrase de Brunehilde : « Des présents de Gunther; » l'air de Sigurd : « Un souvenir poignant; » surtout la radieuse ballade de Hagen : « La Walkyrie est ta conquête, » qui, à tout instant, rejaillit des profondeurs du drame comme un leitmotiv enivrant.

Reyer accentuait dans *Sigurd* ses tendances wagnériennes, encore que l'époque n'y fût guère favorable. Il avait d'ailleurs été obligé de transporter son œuvre au théâtre de la Monnaie, à Bruxelles, pour la faire représenter, et les critiques ne lui furent pas épargnées. (J'ai là, sous les yeux, un article où il est dit que « cette musique uniformément grise sent le labeur plus encore que le parti pris ».)

Mais le grand compositeur, en art comme dans la vie, était avec sa franchise irréductible, un fervent de l'indépendance à laquelle il sacrifiait tout, même les conventions mondaines, poussant parfois la simplicité à l'extrême. Une anecdote, d'ailleurs futile, est sous ce rapport significative. Un jour que Reyer allait visiter avec

Massenet le château de Chantilly, comme il se préparait à monter le splendide escalier d'honneur en fumant paisiblement, Massenet, pris d'un scrupule, lui fit observer que peut-être il serait préférable de laisser, pour un instant, sa précieuse pipe.

« Vous croyez? » dit l'auteur de *Sigurd*.

Et, non moins paisiblement, il secoua sur le somptueux tapis les cendres de son humble calumet.

Cette simplicité de mœurs n'empêche pas Reyer d'être un fin lettré et un critique érudit, qui collabora à nombre de journaux et recueillit aux *Débats* la succession de Berlioz, Berlioz qu'il a tant aimé. Arthur Pougin rapporte un fait qui dévoile une autre face de sa nature profondément impressionnable. Assistant un jour avec Reyer à une audition de la *Damnation de Faust,* au moment où, devant un auditoire tout ému d'admiration, se déroulait à l'orchestre la magique danse des Sylphes, il vit soudain son compagnon éclater en sanglots :

« Ah! mon pauvre ami, dit-il à Reyer, nous ne l'avons jamais vu écouté ainsi de son vivant. »

Reyer, qui suffoquait, ne put répondre : il lui tendit la main; et cette main était mouillée de larmes.

On attendait de l'auteur de *Sigurd* une œuvre qui l'élevât vers la pleine gloire. Ce fut *Salammbô,* qui parut en 1890, toujours à Bruxelles; *Salammbô,* cette œuvre royale, somptueusement colorée comme le roman de Flaubert, qu'elle a encore élargi en faisant passer un souffle impétueux à travers la pensée de l'écrivain drapée d'une fierté un peu rigide. On ne songe plus maintenant au roman de Flaubert sans évoquer la musique de Reyer, de même qu'on ne conçoit plus le *Pelléas et Mélisande*, de Mæterlinck, sans la merveilleuse musique de Claude Debussy.

Salammbô est plus sévère encore que *Sigurd*. Il n'y a pour ainsi dire pas, parmi les mélodies et les chants dialogués où s'éveille cependant une grâce ravissante, ce qu'on appelle un « air ». Mais, sans parler de la *Prière à Tanit*, de l'entrée de Salammbô au premier acte, de l'entrée des prêtres, etc., quelle puissance mélodique dans la phrase de Matho : « Ne les détourne pas, ces regards radieux, » poignante d'émotion dans sa simplicité, et dans la romance infiniment douce de Salammbô que bercent de mystérieuses nostalgies :

> Qui me donnera, comme à la colombe,
> Des ailes pour fuir dans le soir qui tombe?

De tels passages rêveusement suaves forment une opposition savoureuse avec le déchaînement orchestral et les complications harmoniques.

Ce contraste de la fougue lyrique et de la rêverie voluptueuse est peut-être le trait dominant de la musique de Reyer, cette musique chaudement colorée et pourtant assez malaisée à définir. Comme nous l'avons dit, on rencontre dans ses œuvres les influences mêlées de Weber, de Glück, de Berlioz, de Wagner, même de Gounod; mais on y trouve surtout du Reyer, c'est-à-dire un je ne sais quoi d'à la fois robuste et nonchalant, héroïque et tendre.

Il y faut en outre admirer une étonnante compréhension de l'art tragique, une parfaite intelligence de la scène, une sincérité et une honnêteté absolues venant de profondes convictions artistiques, enfin l'habileté avec laquelle, surtout dans les dernières œuvres, tout est ordonné, mûri, serré selon l'école wagnérienne. Tout cela, on ne le perçoit guère qu'à l'analyse : à l'audition, l'ouragan harmonieux, rarement arrêté par les motifs mélodiques, entraîne toute pensée étrangère, ne laissant rayonner que le génie du musicien d'une large envergure et d'une haute allure.

L'heure du repos sonna pour le maître. Couronné de gloire, entouré de respect, membre de l'Institut, bibliothécaire de l'Opéra, Reyer put jouir d'une belle vieillesse. Qui le voyait encore alerte, le geste vif, l'allure prompte, la figure presque militaire, ne se croyait pas en présence d'un octogénaire ni d'un artiste. Mais des yeux profonds et doux s'épanchait la pensée, cette pensée que le rêve musical parait toujours d'une lumineuse jeunesse; et l'on songeait à ces admirables vers de Victor Hugo :

> Le vieillard qui revient vers la source première
> Entre aux jours éternels et sort des jours changeants;
> Et l'on voit de la flamme aux yeux des jeunes gens;
> Mais dans l'œil du vieillard on voit de la lumière.

Reyer s'est éteint récemment près d'Hyères, dans sa retraite du Lavandou, petit village dont il avait fait la fortune. La splendeur des espoirs divins, — car sa mort fut très chrétienne, — et les regrets jaillis du fond du cœur de la population, — car il était adoré des humbles, — environnèrent son lit d'agonie et suivirent ses dépouilles à ses magnifiques funérailles.

RUBINSTEIN (Antoine)

1829-1894

Voici que nous apparaît, puissant et beau de toute la puissance et de toute la beauté de la passion artistique, le plus illustre représentant de l'école russe, qui, à peine centenaire, — ce qui pour une école est encore l'adolescence, — compte dans ses rangs des célébrités telles que Glinka, Borodine, César Cui, Tschaïkowsky, Rimsky-Gortchakoff. Elle a puisé dans les trésors de la technique acquise par les trois grandes écoles italienne, allemande et française et ainsi, de même que le Japon s'est assimilé presque instantanément la civilisation européenne, tout en gardant l'empreinte nationale elle a pu dégager très vite des formes usuelles son originalité de fond, c'est-à-dire ce mélange ou plus exactement ce va-et-vient de rude emportement et de langueur suave que l'on remarque chez Grieg, — chose peu surprenante, l'âme slave étant sœur de l'âme scandinave, — et qui se trouve être aussi la marque distinctive de la haute personnalité de ce romantique ardent, de ce grand lyrique : Rubinstein.

Il était né à Moscou, la légendaire cité dont le nom évoque une surhumaine grandeur. Il n'y demeura pas longtemps, car toute son existence fut, sans métaphore, un perpétuel voyage ou plutôt une suite de voyages. Dès l'âge de dix ans, son professeur Villoing, justement fier de son élève, voulut révéler à l'Europe ce nouveau Mozart. L'enfant parcourut avec son maître la France où il émerveilla Liszt, la Hollande, l'Angleterre, la Suède, l'Allemagne; et il est superflu de dire que partout il obtint le triomphe de stupéfaction émue et d'enthousiasme attendri qui ne manque jamais d'accueillir les petits prodiges.

Une halte à Moscou, et le voilà reparti à Berlin avec sa mère et son frère Nicolas, qui devint, lui aussi, un compositeur renommé. Là, le précoce artiste, maintenant adolescent, achève ses études sous la direction de Dehn, non sans faire quelques fugues en Autriche et en Hongrie. Puis les troubles de 1848 le ramènent à Saint-Pétersbourg, où commence sa véritable carrière musicale; sous l'égide de la grande-duchesse Hélène, il écrit plusieurs opéras : *Dimitri Donskoï* et *Toms le fou*, pompeusement orchestrés, mais assez confus et qui n'en furent pas moins acclamés.

Bientôt la nostalgie des voyages le reprit. Mais alors, maître absolu du piano, dont il avait épuisé toutes les ressources mécaniques, Rubinstein trouva dans sa manière personnelle d'interpréter les maîtres une nouvelle source de beauté. Et, dans un essor inconnu, le génie de l'exécutant s'éleva à de telles hauteurs, qu'il surpassa celui du compositeur. Ainsi l'Europe et l'Amérique le virent passer, rapide, colossal et triomphant.

Cependant, à travers ces promenades par le monde, interrompues de temps à autre par des séjours à Saint-Pétersbourg, dont il fonda et dirigea pendant quelques années le Conservatoire, Rubinstein resta de tout l'être un Slave, comme du reste Chopin dans l'ambiance parisienne. Les deux grands musiciens avaient d'ailleurs entre eux beaucoup de ressemblances, par ce seul fait qu'ils étaient d'une même race profondément originale. Qui a fréquenté les Slaves ne saurait oublier ces étranges rêveurs au regard distrait, au front fermé, qui, tout en se montrant en société d'une aimable simplicité, attirent et inquiètent comme de vivantes énigmes et qui, incroyablement instruits, polyglottes, sans presque de trêve lisent, travaillent, songent et pensent, refoulant, sous l'égalité d'un visage impénétrable, le flux et reflux des fièvres intérieures.

Tel était Rubinstein. Non content de s'absorber dans son art, il se passionnait pour la littérature (il publia même un livre plein de verve : *la Musique et ses représentants*). Ses auteurs de prédilection étaient Gœthe,

Heine, Musset, Zola, Pouchkine, Scott, Byron et surtout Shakespeare, qu'il possédait à fond. Il parlait, outre sa langue maternelle, l'anglais, l'allemand, le français, entendait l'italien et l'espagnol, et ne laissait pas en repos son esprit.

Rubinstein (Antoine).

« On me reproche, a-t-il dit, de ne pas assez prendre d'exercice; c'est que je ne peux penser que lorsque je suis assis ou couché. Quand une idée me vient en chemin, je suis forcé de m'arrêter pour y réfléchir et la développer. La marche gêne l'accumulation des idées, le mouvement les précipite les unes sur les autres. Quant à la promenade hygiénique sans pensées, je l'abandonne volontiers aux promeneurs de profession. »

Aussi sa personne dégageait-elle cette sorte de fluide pénétrant qui émane des méditatifs, comme si l'âme rayonnait à travers le corps. Le prestige de l'artiste était d'ailleurs d'autant plus grand, qu'il était physiquement fort imposant. Lorsqu'il apparaissait, géant à la chevelure puissante rejetée en arrière, aux traits forts, au regard lointain, un silence religieux succédait aux premiers applaudissements. Alors le plus inspiré, le plus profond, le plus élevé des pianistes s'asseyait au clavier; et, son visage demeurant impassible, sous ses mains souveraines la fête d'idéal commençait.

Ce n'était pas, comme il arrive souvent, un de ces feux d'artifices de notes et d'accords si fulgurants, que l'auditeur ébloui oublie d'être ému. Rubinstein, moins avide de correction absolue et de virtuosité que d'intensité d'expression, dédaignait de tels jeux. Mais, sous l'étreinte des doigts nerveux où venait affluer l'émotion débordante du cœur, le clavier frémissait, murmurait, chantait, retentissait immensément, comme un océan musical dont les flots semblaient se multiplier et s'étendre à l'infini... Et les âmes, invinciblement attirées, comme les matelots légendaires par les voix des sirènes, s'abandonnaient, se noyaient voluptueusement dans les abîmes d'harmonie.

Ainsi, en des séances qui duraient parfois trois heures, il interprétait, passant d'impétueux élans à de tendres alanguissements, les œuvres les plus diverses des maîtres les plus dissemblables, et cela avec une si profonde et si fidèle compréhension de leur pensée, que Liszt lui-même, si brillant pianiste qu'il fût, renvoyait à Rubinstein ceux qui le priaient d'exécuter ses propres ouvrages. Aussi bien jouait-il toujours de mémoire, ce qui lui permettait de se donner tout entier; et à travers des chatoiements de nuances tels, que les notes semblaient prendre des accents inconnus, chaque morceau gardait un fond d'unité saisissante.

C'est qu'aussi, comme nous l'avons dit, Rubinstein était avant tout un passionné, un impulsif. Dans la vie commune, son état d'âme changeait, non plus au gré de la musique, mais au gré de l'heure. Ce géant n'était moralement qu'un roseau qu'inclinait la plus légère brise. On le voyait un jour planant dans l'ivresse, le lendemain plongé dans le désespoir, le surlendemain équilibré et paisible; ce qui ne l'empêchait pas de se montrer en société simple et enjoué avec les hommes, souriant et attentionné auprès des femmes.

Dans la fièvre d'idéal qui le travaillait, Rubinstein eût voulu qu'en lui le génie du compositeur égalât et même dépassât celui du pianiste. En réalité, si ce désir ne fut pas entièrement satisfait, si ses intentions grandioses se heurtèrent parfois à une science limitée, il n'en demeure pas moins un musicien de haute envergure, le maître à qui Henri Allorge, l'auteur du *Clavier des harmonies*, ce beau livre où la Poésie et la Musique se donnent la main, a consacré ces vers de fervente admiration :

> Comme une flamme jaillissante,
> Tu sais, artiste ardent et fier,
> Jeter en nos cœurs un éclair
> Qui les traverse et les enchante.
>
> La passion te fait frémir
> De toutes les fièvres sublimes ;
> Ton rêve habite sur les cimes
> Que seul l'idéal peut gravir.
>
> Ton chant suscite dans nos moelles
> Cet émoi pur et douloureux
> Qui fait qu'en regardant les cieux
> On voudrait arracher leur secret aux étoiles.

Bien qu'il se place au rang des symphonistes, avec sept symphonies, dont sa grande composition sur l'*Océan*, et qu'il se soit exercé dans presque tous les genres (oratorios, fantaisies, opéras, ballets, concertos, ouvertures, chœurs, etc.), ce qui restera de Rubinstein, plutôt que ses partitions fastueuses, c'est sa musique de chambre à la fois primitive et raffinée ; ce sont surtout ces mélodies étrangement passionnées, ces lieder où l'enchanteur slave passe de l'ardeur fougueuse, un peu sauvage, à une douceur veloutée, une suavité moelleuse qui fait rêver de caresses ailées et de tendresses angéliques. Sous ce rapport on pourrait le rapprocher de Sully-Prudhomme, dont les amples et profonds poèmes philosophiques chanteront sans doute moins longtemps dans la mémoire des hommes que ces petites pièces intimes, à la fois ravissantes et poignantes, où il a mis, en si peu de mots, tant de son cœur.

Telles aussi celles du grand poète, les dernières années du grand musicien furent désolées par les tristesses physiques. Célèbre dans le monde entier, recherché par l'aristocratie, anobli, conseiller impérial, maréchal de la cour, ce qui lui donnait rang dans les cérémonies après les princes du sang, Rubinstein eût trouvé, dans le charme de la vie de famille, rehaussé de l'éclat de ses relations et entouré de l'encens d'universels hommages, l'heureuse fin d'une vie glorieuse, s'il ne fût devenu, comme Bach et Hændel, presque aveugle.

Pauvre grand homme! Sous ses regards éteints, dans le rayonnement de sa prodigieuse mémoire, il voyait défiler les paysages enchanteurs, les océans grandioses, les théâtres resplendissants, les séances enivrantes, les sourires extasiés des admirateurs, les ovations des foules : toute sa vie à travers son génie. Et peut-être un philosophe se fût-il contenté de jouir ainsi du passé dans l'ombre. Mais à ce sensitif vibrant et frémissant, il eût fallu sans doute de nouvelles clartés, de nouvelles joies.

Les chênes les plus vigoureux s'affaissent quand ils sont privés de lumière. Ainsi ce colosse, taillé pour devenir centenaire, mourut à soixante-quatre ans. La cécité, en assombrissant son âme, avait épuisé lentement ses forces, et les grandes ombres de la mort s'étendirent sur ses paupières déjà closes.

LALO (Édouard)

1830-1892

Plus que jamais aujourd'hui les grands artistes, dans le tourbillon de matérialisme où s'engouffre l'humanité, se laissent séduire par les acclamations du public et éblouir par l'éclat de l'or. Ils n'ont nullement l'air de se douter que, ayant reçu de Dieu le don d'exprimer le beau, ils en sont comptables envers lui et par là même envers l'humanité, qui ne doit pas être confondue avec une foule éphémère : « Il sera demandé beaucoup à qui a reçu beaucoup. »

Les grands musiciens, les premiers, devraient se considérer comme les prêtres d'un culte, — tant la musique, dans son essence, confine à la haute spiritualité, — et, les yeux fixés sur leur idéal, suivre la voie droite d'un pas ferme.

Tel fut Édouard Lalo : un compositeur laborieux, probe, sévère pour lui-même, et qui jamais ne sacrifia au goût du jour. Et c'est bien pourquoi ses œuvres se présentent toutes avec ce caractère de haute tenue et d'originalité savante qui les distingue.

Il était né dans cette région du Nord, qui est le pays de l'action sérieuse, d'une ancienne et fort honorable famille. Ses parents renoncèrent bientôt à contrarier sa vocation, qui se révélait solide et sûre, et le firent entrer au Conservatoire de Lille, où il reçut une sérieuse instruction de Baumann. Ce fut sans doute ce professeur, de race saxonne, qui fit naître en lui cette passion pour la musique allemande et la symphonie, grâce à laquelle il devait plus tard fortifier sa musique demeurée au fond bien française.

A trente-deux ans seulement, Lalo vint à Paris pour y compléter ses études sous la direction d'Habeneck et suivre définitivement sa carrière. Les premières années, obscurcies par l'ingrat labeur des leçons, furent pénibles. Du moins pouvait-il oublier les misères quotidiennes à ces heures lumineuses où, faisant sa partie d'alto dans le célèbre quatuor Jacquard, il s'enivrait d'harmonie et de beauté. Déjà, à cette époque, il se révélait musicien aussi consciencieux que fervent; et s'il composa des mélodies vocales et des pièces de musique de chambre fort distinguées, il ne les publia que beaucoup plus tard, — exemple de scrupule bien rare, car c'est surtout à leurs débuts que les artistes, insuffisamment formés, sont le plus satisfaits d'eux-mêmes.

A ce moment il se lia avec Bizet, qui l'appelait son

meilleur compagnon d'armes, Franck, Berlioz, Saint-Saëns, qui tous devaient s'élever à la plus haute maîtrise. Plus tard il eut aussi pour amis de célèbres virtuoses tels que Sarasate, Diémer. La vie de son génie se confondait avec celle de son cœur.

C'est ainsi que Lalo se maria avec la fille du général de Maligny. Le doux enveloppement de la musique avait peu à peu rapproché le maître et l'élève. Tous deux étaient pénétrés de la grandeur de l'art; et dans la ferveur de leur union, où l'harmonie et l'amour, ces deux reflets divins errants ici-bas, se confondaient en un ineffable rayonnement, ils célébrèrent ensemble le culte du beau.

Dès lors, Mme Lalo fut pour son mari un soutien puissant et un auxiliaire infatigable. Qui avait, dans le salon du maître, sanctuaire de l'art où se faisaient applaudir de grands virtuoses, entendu chanter cette femme imposante, au visage noble et austère et pourtant sympathique et passionné, à la voix de contralto profondément émouvante, ne l'oubliait plus.

Peut-être même est-ce sa compagne qui fit songer Lalo au théâtre. Jusqu'alors le compositeur s'était abstenu, toujours sans doute à cause de ce souci de perfection qui domina sa vie, attendant d'être sûr de lui. Or, l'année même de son mariage, il se décida à écrire, en vue des concours du Théâtre-Lyrique, un grand opéra en trois actes, *Fiesque,* qui n'est certes pas comparable au *Roi d'Ys*, mais qui n'en est pas moins animé d'une inspiration puissante. On lui préféra, suivant la coutume, deux autres opéras complètement oubliés aujourd'hui; après quoi il faillit être représenté à l'Opéra, puis à la Monnaie de Bruxelles, et finalement ne le fut nulle part.

Ce n'était là, du reste, que le début des revers qui devaient remplir la carrière du maître méconnu.

L'accueil flatteur que le public cultivé de l'époque fit à son *Concerto* pour violon, si hardiment rythmé et si originalement orchestré, et à sa *Symphonie espagnole,* si pittoresque, si habilement séduisante, consola un peu le compositeur. Un peu plus tard, il donna le *Divertissement pour orchestre,* puis la *Rhapsodie norvégienne*. Mais alors survint ce qu'on a pu appeler le martyre de *Namouna,* ce ballet ravissant qui fut, il y a quelque temps, représenté à l'Opéra avec un si beau succès. Quand on songe au sort de ce malheureux ouvrage, demandé à Lalo dans un délai si court que celui-ci, par suite du surmenage, subit une attaque de paralysie, puis condamné à d'interminables retouches, enfin à peine apprécié de quelques délicats et repoussé par le grand public grâce à une conspiration de presse contre celui qu'on appelait, *horribile dictu!* le symphoniste et le wagnériste; quand on jette un coup d'œil d'ensemble sur toutes ces misères, on ne peut se défendre d'un serrement de cœur. Il n'est que trop vrai, hélas! que les lauriers des grands hommes sont souvent entrelacés d'épines.

Et pourtant que de pages maîtresses dans cette œuvre de genre secondaire! Certes, Lalo n'eût sans doute jamais

Lalo (Édouard).

songé à écrire un ballet; mais puisqu'il devait le faire, sous peine de se voir fermer les portes de l'Opéra, l'artiste, toujours respectueux de son art, tint à honneur de l'écrire avec autant de soin qu'une symphonie. Et de son labeur acharné, fécondé par l'inspiration, sortit cette merveille de grâce ailée, de sonorité pittoresque et d'élégance chatoyante.

Une compensation était réservée à Lalo. Le 7 mai 1888, le *Roi d'Ys* obtenait à l'Opéra-Comique un très grand succès, qui depuis n'a fait que s'accroître et a élevé jusqu'à la gloire la renommée de son auteur. Le sujet de ce drame lyrique était, à lui seul, singulièrement captivant, car peu de légendes exercent sur la sensibilité et l'imagination un tel ascendant : cette évocation de la mer, qui, déchaînée par la folie perverse de la jalousie, monte, irrésistible, vers la ville menacée de l'engloutissement final, est saisissante. Qu'on ajoute à cette sorte de fascination la séduction d'une musique à la fois charmante et vigoureuse, et l'on aura l'idée de la puissance émotive du *Roi d'Ys*.

De l'ouverture au grand tableau dramatique final, d'admirables pages s'y déroulent à travers une orchestration aussi ample que savante : le monologue de Mylio; le duo des deux sœurs, qui exprime si heureusement le contraste entre la tendresse délicieuse de Rozenn et la haine angoissée de Margared; le chant du *Dies iræ*, suivi du chœur céleste lors de l'apparition de saint Corentin, et cet incomparable lied d'amour : « Vainement, ma bien-aimée, » dont la plainte passionnée, où sourdement murmure comme un pressentiment de la tragédie menaçante, pénètre jusqu'au fond du cœur.

S'il m'est permis d'évoquer un souvenir personnel, je l'écoutai chanter pour la première fois avec une expression profonde par une toute jeune fille qui mourut quelque temps après. Sans doute à cause de l'impression que me fit la triste nouvelle, je n'ai jamais pu depuis lors entendre cette mélodie si douce et pourtant si mélancolique sans me sentir étrangement troublé, comme par un parfum de fleurs jetées sur un lit de mort.

Le *Roi d'Ys* est un des plus grands chefs-d'œuvre de notre école nationale. Toute la musique de Lalo est d'ailleurs pleinement française et nullement wagnérienne, quoi qu'on en ait dit. Ce romantique s'est nourri de classiques, et ce fervent des maîtres allemands, auxquels il n'a fait qu'emprunter la science de l'orchestration, a gardé les qualités de notre race : la sincérité dans la finesse, la clarté dans la grâce.

De là vient qu'il est à la fois délicat et puissant, noble et charmant, ému et mesuré. Si l'invention mélodique n'a pas toujours chez lui le même relief, ses combinaisons harmoniques sont développées avec tant d'ingéniosité et d'art, qu'on a pu dire de lui qu'il apporte de l'ordre dans l'enchevêtrement même.

Il se dégage de cet ensemble un talent à la fois élevé et original de compositeur dramatique autant que de symphoniste, qui apparaît, dans sa plénitude finale, comme le couronnement d'une vie consacrée au culte de l'art. Aussi bien la célébrité qui embellit les dernières années du maître en fut la récompense, combien plus savoureuse et réconfortante que les joies incertaines des succès immérités qui n'ont pas de lendemain !

Jusqu'à la fin Lalo travailla, malgré la longue maladie qui devait le terrasser. Après la représentation, à l'Hippodrome, d'une grande pantomime musicale, *Néron*, tentative intéressante qui devrait se renouveler, il avait commencé un nouveau drame lyrique, *la Jacquerie*, quand, brusquement, une crise terrible le foudroya. Ainsi, en soldat de l'art, il mourut au champ d'honneur.

La Jacquerie ne fut représentée qu'en 1896, ayant été achevée par Arthur Coquard, devenu un maître, et que le grand compositeur avait désigné comme le continuateur éventuel de la partition (lui-même n'en avait d'ailleurs écrit que le premier tableau). C'est une œuvre pathétique d'une haute inspiration dramatique et religieuse, où l'orchestre et la voix s'harmonisent merveilleusement : il y a là cette scène inoubliable où s'élève la psalmodie du *Stabat*, tandis que la mère du chef des insurgés, le cœur percé d'un glaive comme la Mère douloureuse du Christ, s'affale au pied de la statue.

L'autorité de l'auteur du *Roi d'Ys* s'est peu à peu étendue et persiste sur la génération présente, qui le regarde comme un de ses aînés et vénère sa mémoire. Son œuvre bien personnelle, née d'un zèle sans trêve fertilisée par l'étude des ancêtres de la musique, rayonne à son tour sur les œuvres actuelles, — admirable hérédité du Beau comme du Bien dans l'humanité où tout s'enchaîne.

Et puis peut-être l'âme harmonieuse du maître qui passa sa vie terrestre à la poursuite de l'inaccessible perfection, ayant vu resplendir enfin dans l'Au delà la beauté sans ombre, revient-elle parmi nous embraser de sa lumière et de sa chaleur d'outre-tombe le foyer où nos musiciens modernes puisent leur inspiration et chante-t-elle encore avec l'âme de la France.

BRAHMS (Johannès)

1833-1897

Parmi les compositeurs modernes, Brahms se détache comme une individualité haute et sévère, volontairement isolée. Celui que, lors de la grande querelle saxonne entre ses partisans et ceux de Wagner, l'on appela l'un des trois B, — les deux autres étant Beethoven et Bach, — semble en vérité un homme d'un autre âge. S'il a pu être regardé, en tant que symphoniste, comme le continuateur de Beethoven, il rappelle surtout Bach et Hændel par la gravité austère de son caractère, de sa vie et de son art, avec, en plus, quelque chose de bien personnel : une tendance, étonnante chez ce sauvage, à la grâce souriante, même à l'humour.

Son enfance ne fut pas heureuse. Privé de bonne heure des tendresses maternelles nécessaires aux âmes à peine ouvertes, il grandit dans un intérieur désolé par une telle pauvreté, que l'on n'y mangeait pas toujours à sa faim, et troublé par les discordes de son père, contrebassiste au théâtre de Hambourg, avec sa seconde femme. D'aubes si tristement obscurcies, il reste une ombre sur toute l'existence; et c'est là sans doute qu'il faut chercher la cause de la rudesse d'un caractère que n'avait pas assoupli l'intimité familiale. N'oublions pas d'ajouter, car le fait est à son honneur, que Brahms fut, malgré tout, un fils toujours docile et affectueux, même envers sa belle-mère.

Son père lui ayant inculqué les premières notions musicales, le jeune Johannès, aussitôt que possible, s'ingénia à se suffire. Il passait la plupart de ses nuits à tenir le piano dans les bals publics. En même temps il recevait les conseils d'un professeur qui l'initia bientôt à la composition. Comme beaucoup d'artistes, il travaillait à ces premières heures du jour où l'esprit, reposé et rafraîchi par le sommeil, semble distiller plus aisément la pensée :

« Les plus belles idées, a-t-il dit lui-même, me venaient à l'aube, en cirant mes chaussures. »

Puis il donna des concerts, et s'éleva ainsi de degré en degré.

Il ne voulait devoir sa fortune qu'à lui-même. Doué d'une grande force d'âme, il était extrêmement fier; et cela ne l'empêchait pas de se montrer le plus modeste des hommes, de ne jamais parler de lui et de repousser brutalement les louanges qu'il jugeait exagérées. Ces deux aspects de nature ne sont, au reste, nullement opposés : l'homme vraiment haut se défend de la vanité comme d'une faiblesse et met son orgueil à rejeter l'orgueil. Brahms fut, selon le mot d'Adolphe Jullien, l'éminent critique des *Débats,* « un caractère. »

C'est ainsi qu'il n'écrivit jamais que pour satisfaire ses aspirations idéalistes, sans se soucier du goût du public. Aussi bien il méprisait hardiment la réclame. Il fallut, pour que sa réputation prît naissance, que Schumann, dans un article de la *Nouvelle Gazette musicale* de Leipzig, intitulé « Voies nouvelles », présentât au public le jeune compositeur comme un génial rénovateur de l'art musical :

« Je pensais, disait-il, qu'il devait apparaître un jour et tout à coup, après des précurseurs tels que ceux des derniers temps, quelqu'un qui serait appelé, lui, à rendre d'une façon idéale la plus haute expression de l'époque. Et il est arrivé, cet homme au sang jeune, au berceau duquel les Grâces et les Héros ont monté la garde : il a nom Johannès Brahms. »

En attendant que cette étonnante prédiction se réalisât, le compositeur fut chargé des fonctions de maître de chapelle chez le prince de Lippe-Detmold, où il se perfectionna dans son art. C'est là que vint l'attrister jusqu'au fond de l'âme la mort du pauvre Schumann, qu'il allait voir fidèlement à la maison de santé où le génie du grand maître s'ensevelissait dans la folie. Brahms reporta l'affection reconnaissante qu'il lui avait vouée sur

Mme Schumann, à qui il rendait visite tous les ans et qui devint son amie et sa conseillère.

Car il n'était pas un ingrat, ce solitaire presque sauvage, dont l'abord était rude, l'aspect rébarbatif et la parole mordante; tout au fond, son cœur était sensible et bon. Simple, loyal, sincère, pur comme les enfants, il voyait sans doute en eux un reflet de lui-même : avec les petits, en effet, il s'épanouissait et donnait libre cours à cette souriante humeur qui rayonne si souvent dans sa musique. Oh! alors, rien ne lui coûtait. A la campagne, où il vivait d'une vie rustique, il passait avec eux des heures, inventant mille plaisanteries, les comblant de bonbons, les portant sur son dos. En revanche, il refusait les invitations des plus grands personnages.

Et pourtant il eût fait bonne figure en société, car son esprit était fécondé par une haute culture non seulement musicale, mais historique, religieuse et littéraire; et sa superbe tête attirait les regards, cette tête qui, aux dernières années, avec ses longs cheveux rejetés, son front vaste, ses yeux bleus et clairs, son opulente barbe blanche, semblait une tête de prophète.

Brahms était tout préparé, par sa vie de contemplatif où ne se glisse aucune image, même lointaine, de femme, et sa connaissance de la Bible, à la musique religieuse. Tous ses ouvrages en ce genre sont admirables : *Chant des morts, 23ᵉ psaume, Chants religieux*, et surtout le *Requiem allemand*. Le compositeur n'avait que trente-quatre ans lorsqu'il fit exécuter ce fameux *Requiem* à Vienne, où il venait de se fixer définitivement. C'est une œuvre magistrale, qui ne ressemble à aucune autre de même inspiration; car Brahms, sans se préoccuper des paroles du *Dies iræ,* a paraphrasé divers textes de l'Écriture sur la Vie, la Mort et l'Éternité, tels que : *Ceux qui sèment dans les larmes moissonnent dans l'allégresse.* — *Toute chair est comme l'herbe et toute gloire humaine comme la fleur des champs.* — *Bien douces sont tes demeures, ô Dieu d'Israël!* — *Vous qu'afflige la douleur, espérez...; je vous consolerai comme une mère.* — *Gloire à ceux qui meurent dans le Seigneur!* etc. En sorte que la grande lamentation funèbre est traversée de souffles de fraîcheur et de douceur, d'hymnes d'espoir, de chants de triomphe qui viennent se confondre et se perdre dans l'abîme céleste du pardon et de la paix.

Les puissants échos du *Requiem* répandirent en Allemagne et en Suisse la renommée de Brahms. Quelque temps après il donna *Rinaldo,* cantate pour ténor, chœur d'hommes et orchestre, d'après la *Jérusalem délivrée,* où se déroule, dans une formidable crise de passion humaine d'où le dévouement à l'idéal sort victorieux, l'épisode légendaire de la délivrance de Renaud, qui s'arrache aux enchantements d'Armide, tel Tannhäuser aux séductions du Venusberg.

Il est même intéressant de pouvoir noter ce rapprochement entre les conceptions de Wagner et de

Brahms (Johannès).

Brahms; car, quant au reste, les deux maîtres furent en complète opposition; et cette sorte de malentendu, qu'on a appelé la querelle de Brahms et de Wagner, émut longuement et passionnément l'Allemagne musicale. A vrai dire, le dissentiment éclata surtout entre leurs partisans; car Brahms, que sa droiture d'âme et sa vie méditative préservaient de toute jalousie, témoignait à Wagner, comme compositeur, une estime que le triomphateur de Bayreuth, de tempérament plus combatif, ne lui rendait pas. Mais le solitaire qu'était l'auteur du *Requiem* avait un instinctif recul devant les émotions fiévreuses du théâtre comme devant les tourmentes de la vie, craignant de se laisser entraîner plus loin qu'il n'eût voulu par sa nature qu'il sentait sans doute au fond sensible et passionnée, et de perdre la paix dont il jouissait au fond de sa Thébaïde. Il eut là-dessus un mot qui ouvre des horizons sur son âme :

« Il en est du mariage comme des opéras. Si j'avais une fois composé un opéra, qu'il réussît ou non, je ne penserais plus qu'à en composer un autre. Mais je n'ai pu me décider ni à un premier opéra, ni à un premier mariage. »

Et c'est ainsi que, malgré toutes les instances, il ne voulut jamais aller à Bayreuth.

Ses partisans, c'est-à-dire tous les fervents de la tradition qui voulaient s'opposer, au nom de l'art pur d'intimité et de recueillement, à la grande réforme wagnérienne du théâtre, tout heureux de trouver en Brahms un maître incarnant leur rêve, ne se contentèrent pas, eux, de l'abstention; et ce fut, de leur côté, un déchaînement contre l'adversaire. En quoi ils avaient tort, l'exclusivisme étant toujours condamnable. L'art de Wagner et celui de Brahms ne se contrarient nullement. Il y a, de par l'existence même de la société, comme deux âmes dans l'humanité, celle de l'individu et celle de la foule qui aspirent également à s'exprimer. Et puisque l'une s'épanche de préférence dans la chambre close et l'autre au théâtre, le même homme pourra le même jour satisfaire le besoin d'expansion de son âme personnelle et de son âme collective, si l'on peut ainsi dire, et goûter et aimer Brahms et Wagner.

La musique de Brahms est donc surtout une expression de l'abstrait. Le grand compositeur fut un profond observateur de son âme. Et son âme était bien de son temps. Ce chaos de sentiments confus et d'intuitions vagues que révélèrent en littérature les Bourget, les Amiel, les Sully-Prudhomme, se retrouve en effet dans son œuvre, surtout dans ses lieder et sa musique de chambre (sonates, trios, quatuors, quintettes, sextuors), où il a pu s'épancher plus librement. Sans doute y a-t-il en ces compositions, malgré la richesse très personnelle des accompagnements, quelque apparente froideur, quelque gravité composée, quelque ingéniosité trop académique, et n'éprouve-t-on pas, avec la même soudaineté, ces tressaillements, ces frissonnements dont vous inondent les délicieux lieder de Schumann. Le maître, très sévère pour lui-même, devait se défier du premier jet, qui est cependant parfois une illumination, et, dans son désir d'absolu, perfectionner, sans se lasser, ses compositions qui, par là même, veulent être étudiées de près. Mais alors on verra rayonner les ombres et l'on entendra ce fleuve de vie intime, qui ne semblait d'abord que gronder sourdement, chanter puissamment, comme s'il débordait en flots sonores de douceur et de grâce, de tendresse et d'amour, de mélancolie et d'angoisse, d'aspiration et d'espoir, d'enthousiasme et de ferveur.

Ainsi la musique de Brahms est l'écho fidèle de tout lui-même. Il n'est pas jusqu'à la gaieté riante, ce côté singulier d'une nature si grave, qui, jetant çà et là des lueurs fugaces, ne s'épanouisse dans les *Valses chantées* où, dit M. Léonce Mesnard, se trouve spiritualisé le mouvement de valse, et surtout dans ces fameuses *Danses hongroises,* capricieuses, chatoyantes, étincelantes, tourbillonnantes, dont le succès fut si éclatant. Beaucoup même croient connaître en elles l'œuvre du maître, alors qu'elles n'en sont qu'un accessoire. Ils ignorent jusqu'à ces imposantes symphonies merveilleusement ordonnées où l'auteur a répandu, à travers une orchestration aussi pleine que colorée, aussi souple que ferme, tant d'idées originales, et dont, malgré un peu de rudesse et d'emphase, émane une si austère noblesse. C'est là surtout que Brahms s'affirme le traditionnaliste qu'on se plut à acclamer en Allemagne comme le continuateur de Haydn, Bach et Beethoven, le préservateur du génie classique national.

La France, il faut le dire, se montra beaucoup moins empressée. Outre que la race latine est avant tout amoureuse de la pleine clarté, le grand symphoniste manque des qualités rythmiques auxquelles nos oreilles sont habituées. Pourtant voici que grandit à Paris le rayonnement de cette gloire qui de plus en plus embellit la fin de la vie de Brahms en adoucissant son caractère. Il était, en effet, regardé comme un pontife de la musique : sa ville natale lui avait décerné la bourgeoisie d'honneur; l'Académie des beaux-arts de Paris l'avait nommé membre correspondant; les hommages du monde entier affluaient vers sa solitude.

La mort de Mme Schumann vint voiler ce beau soir. Profondément affligé de la perte de celle qu'il aimait doublement comme la veuve de son bienfaiteur et comme son admiratrice dévouée, le maître ressentit à son enterrement les atteintes du mal inexorable qui devait d'un seul coup briser son corps de fer; le cancer au foie qu'il avait contracté fit des progrès d'autant plus rapides que Brahms, comme tous ceux que le mal physique n'a jamais atteints, se soignait fort mal. Bientôt il dut s'aliter, et huit jours après, plongé dans un demi-sommeil, caressant comme un enfant les mains de ceux qui venaient le voir, il s'éteignit.

Ah! certes, ils sont des privilégiés, ces hommes qui, au milieu de leurs semblables si préoccupés de *paraître*, se contentent d'*être* et commencent, dans le détachement des biens périssables, à vivre de la vraie vie, celle de l'âme, qui s'achèvera dans l'Infini. Qu'ils soient des artistes ou qu'ils soient des saints, ils trouvent, — au fond de leur rêve et de leur pensée que baigne, sous l'étoile de la beauté ou le soleil de la vertu, une clarté surnaturelle, — la paix, la divine paix, l'unique bonheur en ce bas monde.

SAINT-SAENS (Camille)

1835

Le nom de l'auteur de *Samson et Dalila* est peut-être, parmi ceux des grands musiciens actuellement vivants, celui qui rend le plus pur son de gloire. De même que rien ne vient troubler l'harmonie de son œuvre, aussi proche de la perfection que peut l'être création humaine, aucune note ne détonne plus aujourd'hui dans le concert d'éloges qui l'enveloppe.

Aussi bien le maître a-t-il pénétré tout vif dans l'immortalité. Il a pu assister il y a quelque temps, — chose unique et merveilleuse, — à l'inauguration de sa propre statue au foyer du théâtre de Dieppe. Allons-nous, par parenthèse, prendre l'habitude, dans le matérialisme avide qui nous envahit, de rendre aux vivants les honneurs jusqu'ici réservés aux morts? On se rappelle encore cette extraordinaire manifestation organisée, il y a une dizaine d'années, en faveur de Sarah Bernhardt : la grande artiste trônant comme une idole, tandis que montaient vers elle les hommages des fidèles et les vers des poètes. Un peu plus, dans la ferveur de l'adoration, on eût brûlé de l'encens, comme jadis devant les statues de ces empereurs romains qui, par une belle matinée, s'étaient reconnus dieux.

Hâtons-nous de le dire : Saint-Saëns, que l'on dit modeste, n'a fait que subir cette apothéose, et même il s'est obstiné à réduire à l'intimité la fête à laquelle la municipalité de Dieppe voulait donner grand éclat.

Ce n'est pas du reste sans de patients et persévérants efforts, nous le verrons, que le maître est monté si haut. Du moins doit-il en ressentir, c'est une loi d'ici-bas, une satisfaction d'autant plus vive. Ainsi les alpinistes, parvenus aux sommets rêvés, éprouvent d'autant plus de joie à découvrir les horizons sans bornes, que plus rude a été l'ascension.

La Providence avait, il est vrai, fait don à Saint-Saëns de deux guides inestimables : une audacieuse énergie et surtout une intelligence si riche, que rarement on en vit de semblable. En parcourant les diverses branches des arts et des sciences, on aurait peut-être plus vite fait d'énumérer ce qu'il n'a pas exploré, ou tout au moins parcouru, que le contraire. Poète, critique, chroniqueur, vaudevilliste, philosophe, astronome, mathématicien : Saint-Saëns peut se targuer à divers degrés de tous ces titres et d'autres. Que de couronnes sur une seule tête!

Toutes les fées s'étant, comme on le voit, donné rendez-vous à son berceau, un artiste si étonnamment comblé ne pouvait manquer à la tradition des grands musiciens enfants prodiges. Aussi goûta-t-il de bonne heure à la renommée. A dix ans, le petit Camille ayant donné à la salle Pleyel une séance qui émerveilla les auditeurs, l'*Illustration* publia son portrait.

C'était là un bien joli sourire de la destinée. Elle se montra plus sévère au Conservatoire, où Saint-Saëns eut pour professeurs Gounod, Halévy et Reber, qu'il devait, — le maître ni l'élève ne s'en doutaient guère, — remplacer à l'Institut. En attendant, il échoua au prix de Rome, sans doute à cause de ses tendances trop hardies.

Malgré tout, le jeune artiste se sentait pousser des ailes. Ayant fait la connaissance de Seghers, qui donnait à cette époque des concerts populaires, il lui présenta crânement une symphonie, — rien que cela, — que celui-ci n'hésita pas davantage à insérer dans son programme. Elle eut un grand succès. Mais Seghers, trop confiant en l'impartialité des auditeurs, ayant avoué qu'elle était l'œuvre d'un tout jeune inconnu, on se récria : on n'avait pas très bien entendu, on avait jugé trop hâtivement. L'admiration tournait à la critique, et la critique au blâme.

Ne jetons pas la pierre à ces détracteurs improvisés. Nous ne nous doutons pas combien nous nous laissons tous plus ou moins influencer par ce qu'on pourrait appeler, avec quelque irrévérence, la marque de fabrique.

Saint-Saëns (Camille).

Chacun peut s'amuser à ce petit jeu de société : prenez quelques beaux vers d'un de nos jeunes poètes de talent inconnus aujourd'hui, parce que trop nombreux. Soumettez-les, sous la signature de l'auteur, au jugement de connaisseurs : ils seront diversement appréciés, tantôt avec sympathie, tantôt avec froideur. Présentez ensuite aux mêmes personnes une autre pièce du même auteur, apparemment de même valeur, en la faisant passer, — supercherie bien innocente, — pour l'œuvre d'un poète illustre ayant avec son humble confrère quelque affinité : aussitôt vous assisterez, — miracle de suggestion, — à un épanouissement d'unanime enthousiasme. N'insistons pas,... pour ne pas nous humilier.

Pour en revenir à Saint-Saëns, le jeune homme prit sa revanche au concours organisé en 1867 pour l'exécution d'une cantate à grand orchestre en l'honneur de l'Exposition. La palme qu'y recueillit sa partition, *les Noces de Prométhée,* attira sur lui l'attention :

« Saint-Saëns, déclara Berlioz à cette occasion, est l'un des plus grands musiciens de notre époque. »

Il triompha également au concours d'organiste à la Madeleine. Et ce fut pour lui un jour radieux que celui où il prit possession du divin instrument qui demeure pour les musiciens la plus profonde source de jouissance intime. Il s'y montra, autant que comme pianiste, un incomparable virtuose. Sa miraculeuse faculté d'assimilation s'y épanouissait en toute liberté.

La composition, chez lui, est d'ailleurs aussi brillante et rapide que l'improvisation. Qu'il soit penché sur l'instrument ou sur la feuille blanche, sa magnifique intelligence enfante, — on serait tenté de dire tranquillement, si les deux mots ne juraient ensemble, — du charme et de la beauté, dans le clair jaillissement d'une inépuisable inspiration. En musique, plus encore naturellement que partout ailleurs, il est universel. Quel genre n'a-t-il pas abordé? Musique de chambre, de piano, légère, dramatique, sacrée; concertos, mélodies, symphonies, opéras, fantaisies, drames, cantates, oratorios : tout cela se presse sous la baguette du magicien.

Et cependant, redisons-le, ce privilégié de l'esprit ne fut pas un favorisé de la chance. Longtemps le mauvais sort parut le poursuivre. Toutes les pièces qu'il parvenait, au prix de quels efforts! à faire jouer à Paris, y échouaient à plaisir : telles, à l'Opéra-Comique, la *Princesse jaune;* au Théâtre-Lyrique, le *Timbre d'argent*, de musique pourtant sonore et légère comme le titre, et qui contient une si jolie prière à la Vierge; au Château-d'Eau, *Étienne Marcel;* même, à l'Opéra, *Henri VIII,* cette œuvre maîtresse dont le quatuor a conquis une renommée universelle et qui déchaîna contre le maître tant de dénonciations indignées de wagnérisme.

Quant à *Samson et Dalila,* il dut se résigner à le transporter, avec l'aide de Liszt, au théâtre de Weimar. Et pourtant, c'est incontestablement le chef-d'œuvre de

Saint-Saëns, comme compositeur dramatique, que cette sorte d'oratorio d'une admirable couleur symphonique locale, si l'on peut ainsi dire, d'une aussi superbe harmonie de fond que de forme, où tout tend à donner une impression unique de grandeur. C'est du Méhul modernisé. Qui n'a en mémoire la mélodie amoureusement captivante : « Printemps qui commence, » où semblent se fondre toutes les fraîches brises d'avril, tous les aromes des premiers lilas, et surtout le prestigieux duo ? Je l'écoutai chanter pour la première fois, — qu'on excuse ce souvenir personnel, — dans une chambre d'étudiant contiguë à la mienne, par un fougueux Méridional à la voix d'ailleurs agréable. Ce ne fut pas la dernière. Il ne se passait guère de soir que je n'entendisse mon camarade se lever brusquement de sa table de travail et entonner, de tout son cœur : « Ma voix s'ouvre à ta voix. » Elle se glissait, l'adorable phrase, au milieu de mes livres sévères, en une insinuante caresse, et m'emportait malgré moi très loin d'eux dans cet éblouissant crescendo qui semble, non pas mourir, mais se perdre dans le ciel de l'amour.

Il y a, relativement bien entendu, peu de temps que le nom de Saint-Saëns, acclamé d'abord en Allemagne, en Angleterre, en Russie, — ce qui nous fait peu d'honneur, — s'est imposé en France. Tous ses échecs, d'ailleurs, ne faisaient que retremper la vaillance du grand compositeur, soutenue par l'admirable fécondité de son intelligence. Parfois cependant, avide sans doute d'échapper à la mêlée parisienne, il faisait route vers les terres lointaines. C'est ainsi qu'il visita la Chine. Une autre fois, il disparut brusquement. Et ce n'est que longtemps après, quand la presse européenne se fut tout entière préoccupée du mystère, qu'on apprit que l'illustre compositeur s'était retiré, doux exil, aux îles Canaries, à Las Palmas, où vint le surprendre la représentation à Paris d'*Ascanio,* suivi bientôt de *Phryné,* d'inspiration toute voluptueusement païenne.

Le maître possède, on le voit par cette anecdote, un caractère aussi indépendant que possible et varié comme son esprit. Les uns le représentent comme, — cherchons un euphémisme, — nerveux et d'abord peu facile; les autres assurent que, sous son masque maussade, se cache un ami charmant, un camarade fort amusant, d'une gaieté poussée parfois jusqu'à la gaminerie. Quoi qu'il en soit, ce petit homme sec, alerte, de geste vif autant que le regard, dégage comme un courant de vie intense, grâce à l'énergie innée qu'il a cultivée en lui.

Nul, en effet, n'a le labeur plus facile, et nul cependant n'a plus ardemment travaillé son art, en sorte que sa science technique est incomparable et la forme de ses œuvres sans défaut.

Dira-t-on que ce souci constant de la perfection a dû tenir en laisse plus d'une fois l'inspiration du compositeur? Peut-être bien. L'Océan est beau quand il est calme; il n'est sublime qu'une fois déchaîné. Or l'art de Saint-Saëns est trop académique pour se laisser aller à de tels emportements ; et sa musique déroule des flots si harmonieusement cadencés, que la houle des passions a peine à les soulever. Cela est surtout sensible dans une de ses dernières œuvres, *Hélène*, dont le sujet, épique et comme embrasé, semble s'adoucir et s'effacer dans les nuances et les demi-teintes, à la vérité délicieuses, qu'affectionne le maître.

Guidé par ce même souci de la mesure, Saint-Saëns s'est montré dans ses partitions un novateur, en sorte que l'on a pu, accusation jadis capitale, le traiter de wagnériste; mais un novateur prudent, demeurant dans les formes traditionnelles et le cadre du vieil opéra, en sorte qu'on l'a blâmé, dans l'autre camp, de mettre, suivant la parole évangélique, le vin nouveau dans de vieilles outres.

Quoi qu'il en soit, l'auteur de *Samson et Dalila* est un grand maître, épris non seulement de classicisme, mais aussi de modernisme (est-il besoin de rappeler ces vibrantes peintures musicales que sont le *Déluge*, *Phaéton*, la *Danse macabre?*), un beau génie latin passionné d'unité et de clarté, de délicatesse et de sérénité, et s'élevant parfois très haut parmi des périodes orchestrales d'une plénitude puissante et grave, — ainsi dans cette splendide *Symphonie en ut mineur*, qui l'a fait appeler le fils de Beethoven.

Sur de tels lauriers, l'illustre septuagénaire pourrait se reposer en vivant de ses souvenirs, attisés par une mémoire aussi surprenante que son intelligence : « Il n'est pas, écrit Hans de Bülow, de monument artistique de quelque pays, école ou époque que ce soit, que Saint-Saëns n'ait étudié à fond. Quand nous vînmes à causer des symphonies de Schumann, je fus on ne peut plus surpris de les lui voir réduire au piano avec une facilité et une exactitude telles, que je restai confondu en comparant cette prodigieuse mémoire à la mienne, dont on fait pourtant tant de bruit. En causant avec lui, je voyais que rien ne lui était étranger... »

Un esprit débordant de tant de richesses ne demande qu'à se dépenser jusqu'au dernier souffle. Saint-Saëns écrit encore, compose toujours. Dernièrement, il faisait représenter à Monte-Carlo l'*Ancêtre*, histoire de vendetta corse, où la grâce savante de la musique atténue l'horreur tragique du livret. Dans ce pays féerique de Monaco, qui semble fait lui-même de décors de théâtre tels qu'en sait assembler la nature, le maître dut se croire encore pénétré par les rayons du soleil de Las Palmas et bercé par les rêves de jadis.

Du moins peut-il évoquer le passé sans regret, puisque le présent lui ressemble. Saint-Saëns est, en effet, de ceux dont l'âge n'éteint pas la voix, tels ces oiseaux du ciel qui ne cessent de chanter que lorsqu'ils cessent de vivre. Et la Muse inspiratrice qui l'a consolé aux jours d'épreuves réserve encore à sa glorieuse vieillesse, si l'on peut employer ce mot, la sérénité de son sourire.

BIZET (Georges)

1838-1875

« Bizet, a dit Nietzsche, a découvert une terre nouvelle, le Midi de la musique. » Cette phrase caractérise élégamment, sinon complètement, la personnalité de l'auteur de *Carmen*. De même que le rêve oriental s'épanouit dans la musique de Félicien David, de même le soleil méridional brille dans l'œuvre de Bizet, auréolé et adouci souvent des nuées diaphanes du rêve. Bien plus, au lieu qu'en David l'homme demeurait austère et méditatif, Bizet, lui, reflétait l'ardeur et l'enthousiasme de sa musique ; l'âme de ses chants et la sienne s'étaient pénétrées et fondues dans un chaud rayonnement.

On pourrait croire qu'il naquit dans le Midi. C'est cependant à Paris qu'il vit la lumière. Dès son enfance il vécut dans la musique, son père étant professeur de chant et l'ayant fait entrer à neuf ans au Conservatoire :

« Toi, mon garçon, lui dit un jour Meifred, émerveillé de sa précocité, tu vas tout droit à l'Institut. »

Il n'entra pas à l'Institut, il alla plus loin et s'éleva plus haut.

A l'abri du Conservatoire, où il était l'élève préféré d'Halévy, l'adolescence de Bizet s'écoula, paisible, comme aussi sa première jeunesse. S'il souffrit plus tard, du moins l'aurore de sa vie ne fut-elle pas assombrie ; et c'est peut-être là qu'il faut chercher le secret de son inépuisable bonne humeur.

Le grand prix de Rome couronna ses études. Il avait alors dix-huit ans, âge d'or et d'azur. Il partit pour la Ville éternelle avec Guiraud. Beaux jours de rêve et de ferveur !

« Nous faisons, écrivait-il, un voyage ravissant. Nous chantons du Mozart toute la journée... Au retour, j'aurai de longues histoires à vous raconter. Il me tarde de savoir de vos nouvelles ; quant à ce qui me regarde, je confie cela à Dieu, et à moi. »

Voir Naples et mourir ! a-t-on dit : Bizet vit l'Italie et chanta. Ce chant, il ne l'écrivit pas, mais le recueillit dans son âme pour l'avenir ; car c'est là sans doute que jaillirent en lui les premières vibrations de cette adorable musique qui fait s'épanouir en elle toute la clarté, toutes les clartés, sans sacrifier à la chanson italienne, en unissant la grâce flottante de la mélodie au charme pénétrant de l'harmonie.

Hélas! les années heureuses passent comme les autres, plus vite encore. Vint l'époque du retour de Rome à Paris, du rêve à la réalité.

Paris, c'était la vie ardente, la fièvre de gloire; c'était aussi la lutte. L'apprentissage de la souffrance, dont parle Musset, commençait pour le jeune homme.

Il n'avait pas de fortune. Il fallait vivre, et, pour vivre, consentir à des travaux où son art tant aimé était comme profané. Tel Wagner à ses débuts, il orchestrait de la musique de danse. Mais laissons-lui la parole : rien de plus éloquent que ces lignes intimes où, sous un masque de gaieté, s'entrevoit le pli amer des désillusions :

« Croyez bien que c'est enrageant d'interrompre pendant deux jours mon travail chéri pour écrire des solos de piston! Je me suis vengé! J'ai fait cet orchestre plus canaille que nature. Ce piston y pousse des hurlements de bastringue borgne; l'ophicléide et la grosse caisse marquent agréablement le premier temps avec le trombone basse, les violoncelles et les contrebasses, tandis que les deuxième et troisième temps sont assommés par les cors, les altos, les violons, les deux trombones et le tambour! oui, le tambour!... »

Bientôt, de plus en plus passionné de travail, Bizet eut la nausée de la vie parisienne, de ce tourbillon mondain où les rêveries des méditatifs s'envolent comme les feuilles au vent d'automne (combien d'artistes célèbres, effrayés de voir les jours s'émietter en heures vaines, émigrent aujourd'hui vers les plages ou la campagne!). Il se réfugia dans la banlieue, au Vésinet :

« Je travaille énormément, quinze à seize heures par jour, nous dit une de ses lettres; je me mets à adorer le travail. Je ne viens plus qu'une fois par semaine à Paris; j'y fais mes affaires strictement et reviens au galop. Je suis si bien chez moi, à l'abri des raseurs, des flâneurs, des diseurs de rien, du monde enfin, hélas! »

C'est là qu'il composa, pour le Théâtre-Lyrique, les *Pêcheurs de perles,* ce ravissant opéra d'une curieuse couleur locale, et que rappelle un peu le *Lakmé* de Delibes. L'andante, la cavatine de Leïla, rêveusement alanguie, la chanson de Nadir, sont eux-mêmes des perles précieuses que l'auteur a tirées des profondeurs lumineuses de son génie; et le trio « Dans l'espace immense » s'élargit en une envolée qui évoque les splendeurs wagnériennes.

Ce fut justement ce qu'on lui reprocha plus tard, lors de la représentation de *Djamileh* à l'Opéra-Comique. A ce moment, Paris brûlait le wagnérisme, qu'il devait idolâtrer dans la suite. Dès lors la « rengaine Wagner », comme il disait mélancoliquement, poursuivit le musisien incompris. Il avait beau démontrer, — et ses œuvres en étaient la meilleure preuve, — que, bien loin d'imiter le maître allemand, il ne faisait qu'adapter certains de ses procédés à un art aussi personnel que nettement français : rien n'y fit. L'ombre de Wagner ne le quitta plus.

Aux *Pêcheurs de perles* succéda la *Jolie fille de Perth,* où se retrouve le souci de la couleur locale et d'où se détachent de bien jolies choses, telles la sérénade de Smith, la chanson de Glover, le chant « A peine au sortir de l'enfance », qui soupire comme une élégie mélodieuse. Cette pièce eut un assez vif succès qui encouragea l'auteur.

D'ailleurs, il se consolait de ses ennuis dans sa retraite fleurie, où il goûtait le charme de l'intimité, ayant épousé une des filles de son maître, Mlle Geneviève Halévy. Et puis, il y avait de telles ardeurs dans cette âme de flamme, que les ténèbres du découragement ne pouvaient l'habiter. La vivacité nerveuse que l'on voit se déchaîner dans sa musique le soutenait, non sans lui faire subir jusqu'à la souffrance ces anxiétés, ces incertitudes qui accablent presque tous les grands artistes.

C'était, malgré tout, une riche nature que l'auteur de *Carmen,* un peu brutal peut-être en opinion et sacrifiant à l'art qu'il adorait les conventions mondaines, mais d'une loyauté qui ignorait la jalousie, et d'une franchise claire et forte comme ses œuvres.

Bizet (Georges).

Bientôt l'*Arlésienne* apparut, cette suite d'orchestre aux chants puissamment touchants, si chers aux fervents de Bizet, qui les portent dans leurs cœurs, d'où ils montent en murmure aux heures rêveuses. Rien ne peut rendre l'impression éprouvée au théâtre : le drame poignant et exquis de Daudet se déroule ; et voici qu'aux minutes les plus émouvantes, la musique, plus pénétrante parce qu'interrompue, et n'ayant, au lieu d'un chant à accompagner, qu'un rêve à bercer, jaillit en toute liberté, s'élève en toute plénitude. O délice de la berceuse et du réveil de l'innocent, du menuet, de l'entrée, surtout de la rencontre de la mère Renaud avec le pâtre, ce diamant de pureté, de grâce et d'émotion ! Suavité des violons qui chantent..., douceur des larmes qui coulent !

Beaucoup même préfèrent l'*Arlésienne* à *Carmen*, tout en saluant dans cet opéra-comique le chef-d'œuvre du maître. Ce fut le 3 mars 1875 que fut représentée pour la première fois cette pièce, dont on a fêté, il y a quelques années, la millième représentation, œuvre de chair et de sang qui frémit, qui vibre, qui crie sous l'angoisse et l'ivresse de la passion, œuvre profonde et presque morale en ce qu'elle exprime, avec une intensité qui va jusqu'au malaise, l'élan furieux et toujours déçu des ardeurs humaines exaltées vers un impossible bonheur et sombrant dans le désordre. Et c'est une impression si vive de délires penchés vers l'abîme, de vertiges entraînés vers la mort, qu'on serait tenté de crier à la fatalité, si le bon sens ne clamait plus haut encore : liberté! Malgré toutes les théories fuligineuses, l'homme, armé de sa volonté, *se sent,* — et cela ne trompe pas, — le maître et non l'esclave de ses désirs qu'il peut toujours, à force d'énergie, modérer et réprimer.

Carmen, aux yeux de plusieurs, absorbe toute la musique de Bizet. C'est à elle que l'on songe lorsqu'on le définit comme un génie chatoyant et éclatant (et, certes, nul n'a écrit de musique plus colorée). On oublie trop, outre l'adorable duo de Carmen et du Toréador, les plus belles pages de l'*Arlésienne;* et l'on n'insiste pas assez sur la tendresse intime, sur la douceur profonde qui s'en exhale en caresses parfois si frissonnantes, que l'on croit sentir sur le cœur un effleurement de doigts d'anges. Musique de clarté et de fête sans doute, mais où, à travers les radieux midis, se lèvent des aurores légères de rêve et s'inclinent des crépuscules lourds de langueur.

L'aimable génie de Bizet est d'ailleurs aussi ingénieux que souple. C'est ce qui lui permit de mêler, — délicatement, nous l'avons dit, — à sa musique si vraiment française par sa grâce et sa précision, quelques procédés de Wagner, notamment le plan d'ensemble et les *leitmotiv.* Comment se fait-il que cette union, qui nous semble à nous un charmant mariage d'inclination, parut aux critiques d'alors un adultère impardonnable?

De fait, jamais, non, jamais, la critique ne fut si piteuse. La « rengaine Wagner » recommença lors de la première de *Carmen*, et l'on rougit aujourd'hui de lire l'appréciation d'une élite sur un compositeur dont l'art si compréhensible aurait pu, au moins en partie, devenir populaire par la netteté de l'inspiration et du rythme.

Ces misères attristèrent le maître. Pourtant il leur opposait sa bonne humeur coutumière :

« Allons, disait-il, j'ai bon espoir! Ma première pièce a vu trois représentations, ma dernière en a eu huit : cela va en augmentant, le succès vient. »

Mais sous ces paroles railleuses perce une amertume qui peut-être hâta sa fin. *Carmen* fut le chant du cygne.

C'était le soir de la trente-troisième représentation. Galli-Marié, la célèbre actrice, après la scène avec don José, battait les cartes en scandant les stances funèbres :

> Mais si tu dois mourir, si le mot redoutable
> Est inscrit par le sort,
> Recommence vingt fois ; la carte impitoyable
> Répètera : La mort!
> La mort!
> Toujours la mort!

Puis, sortant de scène, bouleversée, elle s'écriait que jamais rôle ne l'avait ainsi troublée, qu'elle en saisissait seulement à cet instant la profondeur, et que tout son être avait vibré si terriblement, qu'elle avait le pressentiment d'un malheur.

Or, à la même heure, l'auteur, rentrant à son logis de Bougival où il habitait alors, tombait, renversé, étouffé par un rhumatisme au cœur.

Secrets effarants dont cette tragique coïncidence n'est qu'un bien pâle exemple et qu'on heurte à chaque pas au chemin de la vie, l'invincible distraction humaine les dédaignant comme les cailloux de la route! « Dieu a voulu, a dit Lacordaire, qu'il y eût dans la nature des forces irréductibles à des formules précises, afin de prouver aux hommes, tranquilles dans les ténèbres des sens, qu'en dehors même de la religion il restait en nous des demi-jours effrayants sur le monde invisible, une sorte de cratère par où notre âme, échappée un moment aux liens terribles du corps, s'envole dans les espaces qu'elle ne peut sonder, mais qui l'avertissent assez que l'ordre présent cache un ordre futur devant lequel le nôtre n'est que néant. »

Le grand artiste mourait à trente-sept ans. Pauvre Bizet! si ardent à toute vie, si épanoui à toute clarté, si vibrant à toute harmonie! Quel deuil de songer à toute la beauté étouffée dans cette agonie, à tout le rêve brisé dans cette mort (déjà il avait en tête un *Cid* qui le hantait), et quel mystère que celui de toute la musique envolée avec ces jeunes âmes d'artistes, de toute la jouissance ainsi ravie aux hommes sur cette terre où ils en ont si peu!

MASSENET (Jules)

1842

Lors d'une saison que je fis à Amélie-les-Bains, la petite station hivernale des Pyrénées si calme qu'on y peut travailler à loisir, une charmante femme, excellente musicienne, me montrant, par une belle matinée, une des fenêtres de l'hôtel ouverte sur le soleil, me dit avec un accent religieux :

« La chambre de Massenet ! »

Et comme je l'interrogeais sur les faits et gestes du grand compositeur pendant un récent séjour :

« Oh ! s'écria-t-elle avec un soupir de regret, il se tenait complètement à l'écart et composait toute la journée. On ne le voyait guère qu'aux repas ; et encore quittait-il bien avant les autres la petite table où il mangeait seul pour retourner à l'ouvrage. Un jour même que je remontais chez moi plus tôt que d'habitude, après le déjeuner, comme je le suivais d'un peu loin, je le vis, à travers la porte vitrée du salon, ouvrir et feuilleter mes cahiers épars sur le piano. Il dut être satisfait, car ils étaient pleins de ses œuvres, — vous savez combien j'aime sa musique (et mon interlocutrice eut ce sourire ravi de toutes celles qui parlent de Massenet); — mais comme je tournais le bouton de la porte, il m'aperçut, ferma précipitamment les cahiers et s'esquiva. »

Si j'ai rapporté ce trait, malgré son insignifiance, c'est qu'il me semble enclore, dans son cadre étroit, un peu de l'art et de la personnalité du maître. Nul plus que lui, dans la musique, n'a chanté les héroïnes; nul plus que lui, par un juste retour, n'est admiré des femmes. Partout où il passe, il se voit entouré de leur sympathie, partageant ce privilège avec Chopin et Gounod.

L'évocation de Gounod fait songer à le rapprocher de Massenet. S'il est vrai que l'auteur de *Faust* fut, par-dessus tout, comme je l'ai dit, un sensible, ce mot caractérise tout aussi bien l'auteur de *Manon*, avec quelque chose de moins contemplatif et de plus terrestre, de moins éthéré et de plus captivant. Il n'a d'ailleurs fait en somme que franchir l'étape qui sépare de celle de Gounod sa génération entraînée vers la fébrilité sensuelle de l'âme contemporaine. L'auteur de *Faust* a l'âme plus tendre, l'auteur de *Manon* l'a plus ardente. Les sentimentaux préfèrent l'une; les passionnés réservent à l'autre leur prédilection.

Une aventure enfantine, en même temps qu'elle témoigne de la ferveur de la vocation de Massenet, montre bien jusqu'où va sa sensibilité. Ayant dû, après un court passage au Conservatoire, quitter Paris avec ses parents pour demeurer à Chambéry, à la suite de malheurs de famille, le petit Jules, alors âgé de dix ans, ne put supporter cet exil de l'Eden musical. Il imagina de retourner à pied dans la capitale et, tout bonnement, se mit en route. Il arriva à Lyon dans quel état, on le devine; et tout meurtri d'âme et de corps, mais nullement découragé, il se réfugia chez un ami de sa famille, qui s'empressa de le faire reconduire chez lui. Chose admirable! sa mère ne lui fit aucun reproche. Elle se contenta de lui remettre l'*Imitation de Jésus-Christ,* en lui conseillant de mieux se pénétrer des devoirs de la vie et, reconnaissant dans son fils une vocation irrésistible, décidée dès lors à tous les sacrifices, le renvoya à Paris. Massenet doit avoir gardé un culte pour une telle mère.

Le voici donc de nouveau au Conservatoire, sous la direction de Reber, puis d'Ambroise Thomas. Dure époque de labeur et de privations! Mais l'art console de bien des choses; et qu'importent les vêtements usés, si l'art rayonne au travers? Déjà le jeune musicien composait, composait hâtivement, fiévreusement et, tout ému de crainte, venait montrer ses essais à son maître Ambroise Thomas, qui, touché d'une telle ardeur, l'avait pris en affection. Rien ne pouvait du reste, mieux que la sympathie, développer le talent de cet impressionnable.

Aussi, à vingt et un ans, obtenait-il le grand prix de Rome.

Ce fut durant son séjour à la villa Médicis qu'il con-

Massenet (Jules).

nut, grâce à Liszt, qui lui témoignait une vive amitié, celle qui devait être son inspiratrice et devenir sa compagne : Mlle de Sainte-Marie. Le mariage n'eut pas lieu sans difficulté. On imposa au jeune compositeur, qui n'avait d'autre fortune que son talent, une attente de plusieurs années, — attente exquise sans doute, mais douloureuse aussi. S'il y savoura la douceur des fiançailles, les joies les plus pures de la tendresse, il épuisa non moins longuement les fièvres de l'incertitude. La frémissante lyre qu'est l'âme de Massenet dut alors résonner pour jamais, jusqu'en ses plus secrètes profondeurs, de ces vibrations qui se sont répercutées dans sa musique.

Enfin il put ramener l'élue à Paris. Là l'attendaient les inévitables ennuis des débuts, les leçons de piano odieuses à ce nerveux qui, peut-être seulement depuis lors, déteste cet instrument. Mais la lune de miel dissipait les ombres. Le compositeur se mit à l'ouvrage avec son habituel acharnement, surexcité par le souci de l'avenir. Après un demi-échec avec *Don César de Bazan* et un demi-succès, *les Erinnyes,* une des partitions les plus intéressantes de Massenet, dont la musique enguirlande les vers sculpturaux de Leconte de Lisle, il triompha à l'Odéon avec *Marie-Madeleine,* où Mme Viardot fut incomparable.

Ce drame sacré eut un succès analogue à celui de *la Samaritaine,* de Rostand. Ils sont si beaux, les sujets évangéliques ! Non pas que les artistes sachent toujours les traiter dignement. Ils ne sont généralement guère dans la note ; et, souvent, leurs ouvrages, applaudis de la foule, choquent violemment les vrais croyants. Pour célébrer le Dieu fait homme comme il doit l'être, que ce soit en peinture, en poésie ou en musique, il faut avoir

la foi, et la foi ne s'acquiert pas momentanément, par
suggestion artistique. Comparez à ce propos le Christ de
Massenet et le Christ de César Franck. Malgré tout, de
telles œuvres sont presque toujours fêtées, tant est irrésistible sur les âmes, aujourd'hui autant que jamais,
l'attraction de Celui qui demeure, selon l'admirable
expression du sceptique Loti, l'Unique et l'Inexplicable.

Après *Marie-Madeleine,* ce furent successivement : *le
Roi de Lahore,* curieusement captivant par sa féerie exotique; *Hérodiade,* dont le grand air, d'une majesté souveraine : « Il est bon, il est beau, » chante dans toutes
les mémoires, comme celui du *Cid,* douloureux et pur :
« Pleurez, pleurez, mes yeux! » comme plusieurs de
Manon, cette pièce d'amour conçue avec amour, si
mélancoliquement et fièvreusement enivrante, que des
auditeurs peu faciles à émouvoir en sortent bouleversés.

Massenet avait alors quarante-deux ans. Et déjà il
était professeur au Conservatoire et membre de l'Institut; déjà le berçait la puissante voix de la renommée. Il
se faisait d'ailleurs pardonner sa jeune gloire par la
séduction qui émanait de sa personne comme de sa
musique. Ce sensible, qui n'avait pas, dans la méditation
mystique, de dérivatif à son impressionnabilité, trop
aimable pour ne pas plaire, trop aimant pour ne pas être
heureux de plaire, avec cela très simple et d'une physionomie fine et charmante, aimait le public comme il

aimait ses amis et en était adoré. Peut-être même l'a-t-il trop aimé !

Mais que d'encens ! que d'acclamations ! que de succès ! Après *Esclarmonde,* cette œuvre d'une remarquable unité, dont le sujet rappelle certaines conceptions wagnériennes, le compositeur donna à l'Opéra-Comique *Werther,* que beaucoup regardent comme son chef-d'œuvre. S'élevant à la hauteur des grands maîtres lyriques, il se montra vraiment inspiré en commentant le célèbre drame, si intimement pathétique, mais d'influence si troublante et si dangereuse, où les ténèbres du désespoir s'amassent, toujours plus épaisses, jusqu'à la nuit de la mort :

> Près du chemin ou dans le vallon solitaire,
> Allez placer ma tombe !

Werther fut suivi de *Thaïs,* écrit dans la même note que *Manon; Phèdre,* partition ardente plus encore que la tragédie; *Grisélidis,* le *Jongleur de Notre-Dame,* de thème gracieux et reposant; *Chérubin,* sorte de tentative de renouvellement de l'ancien opéra-comique, où le héros, don Juan en miniature, flâne sous un ciel tendre, dans l'harmonie souple et douce, délicate et songeuse, qu'est la musique de l'auteur.

Musique bien faite en vérité pour chanter les passions du cœur. Telle est, en effet, la vocation de Massenet : « Il est, dit Claude Debussy, l'historien musical de l'âme féminine. » Voyez d'ailleurs les noms de presque toutes ses pièces les plus connues : *Marie-Madeleine, Hérodiade, Manon, Esclarmonde, Thaïs, Phèdre, Ariane* et *Thérèse*, ces deux dernières nées d'hier. Toutes ses héroïnes, sans oublier celles des autres partitions : l'Electre des *Erinnyes*, la Chimène du *Cid*, la Charlotte de *Werther*, etc., sont venues une à une pleurer ou sourire dans l'inspiration toujours en éveil du musicien et lui confier leurs secrets qu'à son tour il nous a révélés. Nul ne le pouvait mieux que ce rêveur au tempérament à demi féminin, pour qui c'est une joie, peut-être même un soulagement, de verser dans ses chants le trop-plein de sa sensibilité.

Par là, Massenet est un puissant charmeur. Sa musique est toute langueur, toute douceur, toute grâce. C'est comme un philtre subtil, pénétrant, assez souvent malsain, qui s'insinue dans les cœurs et fait naître des sourires qui expirent dans les larmes. Tout cela d'autant mieux, que le maître a de l'orchestre une science ingénieuse qui sait obtenir, par d'originales combinaisons, des effets inattendus.

Par là aussi, Massenet est déconcertant. S'il est vrai qu'il s'épanche dans son art, il s'épanche parfois un peu trop. Les sensitifs comme lui sont souvent des faibles, indulgents aux autres et... à eux-mêmes. Aussi a-t-on pu reprocher au musicien acclamé d'avoir trop sacrifié au goût du public, de n'avoir pas assez jalousement cultivé ses dons merveilleux et, au lieu de les condenser en quelques chefs-d'œuvre, de les avoir dispersés en folles prodigalités dans ses innombrables productions : mélodies, suites d'orchestre, opéras, drames sacrés et profanes, marches, etc. En laissant passer indifféremment les scories à travers les perles, il a donné finalement l'impression d'un grand talent, d'un génie même qui, faute de vouloir lutter et peiner, plie et chancelle.

« Mais qu'importe s'il manque de force, s'écrie spirituellement M. Camille Bellaigue, s'il a d'aussi délicieuses faiblesses! » S'il est vrai que l'illustre compositeur n'a pas eu pour la musique le culte d'un Reyer ou d'un Saint-Saëns, la musique elle-même, — qui donc résisterait au charme de Massenet? — est descendue de son trône de déesse et s'est humanisée pour lui. Et comme Tannhäuser sur le Venusberg, le musicien s'est laissé bercer et endormir au séjour de délices d'où il nous a inondés de mélodies si tendres, d'harmonies si caressantes, que la critique elle-même se laisse, comme lui, bercer et endormir.

GRIEG (Edward)

1843-1907

> En province, dans la langueur matutinale,
> Tinte le carillon, tinte, dans la douceur
> De l'aube qui regarde avec des yeux de sœur,
> Tinte le carillon, — et sa musique pâle
> S'effeuille fleur à fleur sur les toits d'alentour,
> Musique du matin qui tombe de la tour,
> Qui tombe de très loin en guirlandes fanées,
> Qui tombe de Naguère en invisibles lys,
> En pétales si froids, si lents et si pâlis,
> Qu'ils semblent s'effeuiller du front mort des Années.

Qui serait l'auteur de ces vers de pâle et mélancolique rêverie, singulièrement évocateurs de la musique de Grieg, sinon le délicieux poète Rodenbach? Comme lui, l'auteur de la *Chanson de Solweg* s'est éteint doucement, enseveli peu à peu dans les linceuls de la phtisie. Et tel le poème en vers et en prose que fut l'œuvre de l'adorateur de Bruges-la-Morte, tel le poème musical de Grieg soupirera dans l'avenir comme ces complaintes en mineur qui s'exhalent des flûtes des pâtres et qui, lorsque le voyageur s'arrête, font jaillir de ses nerfs le frisson et de ses yeux les larmes.

Le grand compositeur eut le privilège, précieux entre tous, d'être initié par sa mère, musicienne fort distinguée. Dans l'intimité du *hóme* tiède et clos, alors que le givre fleurissait les vitres, le sourire maternel se mêlait à celui de l'harmonie dans un charme pénétrant. Et ce charme a passé dans la musique de Grieg, qui est surtout une musique de chambre.

Il put ainsi s'enfoncer assez avant dans les profondeurs de son art. Mais bientôt il fallut d'autres maîtres au jeune virtuose, qui faisait de merveilleux progrès. A quinze ans, il entra au Conservatoire de Leipzig, où Hauptmann et Richter lui enseignèrent l'harmonie et le contrepoint, Rietz et Reinecke la composition, Moscheles le piano. Pendant les quatre années qu'il y passa, il put s'imprégner de l'âme de l'Allemagne, cette patrie de la haute philosophie et de la grande musique où, dans la méditation, le rêve se concentre pour mieux s'épanouir. Puis il se rendit à Copenhague et y devint l'élève du célèbre Gade, qui personnifiait à ce moment, comme Grieg aujourd'hui, la musique du Nord.

Ce fut là que se décida sa vocation spéciale. Il se lia avec Richard Nordraack, le jeune et génial musicien mort peu de temps après, et de leurs causeries jaillit l'éclair brusque qui montra sa voie au jeune homme :

« Il me tomba, a-t-il dit lui-même, des écailles des yeux. C'est par Nordraack que j'appris à connaître les chants populaires du Nord et ma propre nature (et cela prouve avec quelle fidélité l'âme de Grieg reflétait l'âme septentrionale). Nous nous conjurâmes contre le scandinavisme efféminé de Gade, mâtiné de Mendelssohn, et nous nous engageâmes avec enthousiasme dans le chemin nouveau sur lequel marche à présent l'école du Nord. »

Dès lors, mûr pour l'inpiration, il pouvait revenir en Norvège. Là ses impressions et ses sensations d'enfance et d'adolescence se réveillèrent et se précisèrent. Il s'emplit les yeux de la mystérieuse contrée de pluies, de neiges et de brumes, de vallées, de fiords et de glaciers où, sous les ciels pâles, dans les jours moins lumineux suivis de nuits plus claires, repose une éternelle douceur d'aubes et de crépuscules. Il respira l'esprit de ce peuple étrange, chez lequel les ardeurs des ancêtres, les Vikings, fulgurantes comme des blocs de glace sous des flèches de soleil, s'amollissent et se fondent au souffle tiède des idées du siècle humanitaire, mais qui garde, de ses rudesses primitives, un peu de défiance farouche en sa mélancolie et d'éphémères réveils, ces réveils fiévreux qui font bondir aux soirs de dimanche les paysans à demi enivrés, le couteau à la main, dans ces sortes de transports sauvages si curieusement rendus par les *Danses norvégiennes*. Il se pénétra enfin si intimement de l'âme de son pays et l'exhala si subtilement dans sa musique, qu'on a pu dire que nul ne comprend bien la Norvège s'il ne connaît l'œuvre de Grieg.

Après un voyage à Rome, où il eut avec Liszt des relations suivies, le compositeur, qui avait fondé et dirigé longtemps une société de musique à Christiania, se retira à Bergen, sa petite patrie de la grande patrie, dont il semblait vouloir ainsi savourer plus jalousement la douceur. La Diète norvégienne lui avait accordé, — noble exemple, — une pension qui l'allégeait de tout souci matériel. Et le fleuve de la renommée l'emportait vers l'océan de la gloire.

Sans doute, il eût été trop heureux. La douleur humaine veillait. Et la terrible maladie, la phtisie, l'assassine de Mozart, de Weber, de Méhul, de Boïeldieu, de Chopin, fondit sur lui. Son caractère en devint naturellement assez difficile. Pourtant, comme beaucoup d'artistes, il réagissait autant que possible et il étonnait, par sa vivacité et son humour, ses amis, à qui il parut jusqu'à la fin plus jeune que son âge.

Même il eut le courage, en dépit de son mal, d'entreprendre une série de voyages par le monde où l'appelaient les artistes étrangers, vibrants de sa musique et de sa renommée. Il revit l'Allemagne. Il vint en Angleterre et en Amérique, où il fut reçu en triomphateur.

Enfin, on le vit en France diriger lui-même au Châtelet l'exécution de ses œuvres, dressé de toute sa petite taille, le front vaste, les cheveux blancs en auréole neigeuse, les yeux agrandis de rêve. Et partout, en même temps que sa propre gloire, il répandait l'amour de son pays, devenu d'ailleurs à la mode, et où nos modernes jeunes mariés, jadis exclusivement épris de la Suisse et de l'Italie, vont maintenant volontiers goûter les premières délices de la lune de miel.

Au reste, on ne saurait trop le redire, la musique de Grieg est le chant même de la Norvège. Comme avec des gestes de garde-malade souples, délicats, enveloppants, elle s'empare de l'âme et l'emporte au loin dans les blancheurs des horizons glacés, où la mélancolie qui baigne les clairs de lune et de neige imprègne les lueurs d'aurore et de printemps! Ainsi, dans le célèbre *Printemps* du maître, les fleurs tourbillonnent, pâles et rêveuses, comme des flocons, au lieu de s'éparpiller en joyeuse avalanche comme dans la *Chanson de printemps* de Mendelssohn. Et parfois, dans ses mélodies légères, vaporeuses, on croit voir passer la vierge idéale à peine entrevue à travers ses voiles dans les adorables strophes de Leconte de Lisle :

> Elle passe, tranquille, en un rêve divin,
> Sur le bord du plus frais de tes lacs, ô Norvège!
> Le sang rose et subtil qui dore son col fin
> Est doux comme un rayon de l'aube sur la neige.

> Au murmure indécis du frêne et du bouleau,
> Dans l'étincellement et le charme de l'heure,
> Elle va, reflétée au pâle azur de l'eau
> Qu'un vol silencieux de papillons effleure.
>
> Quand un souffle furtif glisse en ses cheveux blonds,
> Une cendre ineffable inonde son épaule ;
> Et de leur transparence argentant leurs cils longs,
> Ses yeux ont la couleur des belles nuits du pôle.
>
> ... Et le gardien pensif du mystique oranger
> Des balcons de l'aurore éternelle se penche
> Et regarde passer ce fantôme léger
> Dans les plis de sa robe immortellement blanche.

Si le plus souvent une fraîche et fine douceur, en un sourire indécis, s'exhale de ces visions et de ces rêves, d'autres fois la mélancolie s'y creuse en tristesse lourde, anxieuse, navrée, et les soupirs deviennent sanglots. De même l'amour pensif et tendre s'y consume souvent en ardeurs sourdes, profondes.

Nul mieux que Grieg ne pouvait exprimer les deux aspects opposés de l'âme scandinave quelque peu morbide. Celui qu'on appela le Chopin du Nord n'était-il pas lui-même le malade anémique et frileux, par là même, tantôt languissant, tantôt brûlé de ces courtes et brusques fièvres qui laissent le sang plus épuisé au réveil ?

De même que ses *Danses*, ses *Lieder*, dont le thème est emprunté aux ballades des poètes du Nord et de

Henri Heine, ne sont d'ailleurs pour la plupart que les échos de la musique populaire de son pays, dont l'artiste a adouci les heurts et idéalisé le charme. C'est pour cela que Grieg est surtout un mélodiste ayant quelque affinité avec Schumann. Toutefois, dans la suite d'orchestre de *Peer Gynt,* ce poème où Ibsen, de son propre aveu, a voulu personnifier le peuple norvégien et vers lequel le compositeur devait tout naturellement être attiré, on admire, avec des préoccupations symphoniques, un brillant agencement orchestral.

Parmi les autres œuvres du maître, il importe de citer les sonates, les deux exquises mélodies pour cordes, les pièces lyriques, le quatuor pour instruments à cordes et le célèbre concerto en *la* mineur pour piano qui est tout un enchantement.

Ainsi le musicien-poète chantait sans trêve, malgré l'implacable mal qui resserrait l'étreinte. Sous la puissance de l'inspiration, comme les fauves charmés par la lyre d'Orphée, le monstre, subjugué, se couchait à ses pieds, et la souffrance s'évanouissait dans l'illumination du génie.

Enfin vint le jour où, — paisiblement, car la mort est tendre aux phtisiques dont la vie n'est qu'une longue agonie, — les yeux de l'artiste se fermèrent sur les horizons enchanteurs qui les avaient vus s'ouvrir. Toute son existence s'était concentrée sur ce coin de terre de la ville natale, devenu pour lui le cœur de la patrie qu'il avait tant aimée et qui lui rendait son amour.

Car sa mort fut un deuil national. L'âme de la Norvège, fière des grands hommes : Ibsen, Bjornson, Nansen, qu'en si peu de temps elle a révélés au monde, s'inclina en pleurant sur la tombe de l'harmonieux rêveur qui, en lui donnant son cœur, son sang et son génie, avait fait rayonner jusqu'au delà des mers sa mélancolique et rêveuse beauté.

ÉPILOGUE

Il reste un mot à dire sur l'orientation de la musique moderne.

A vrai dire, elle semble assez difficile à définir : on voit bien quelque chose, mais on ne distingue pas très bien.

Il y a quelques années, la revue *Musica* fit à ce sujet une enquête auprès de nos musiciens. Les uns, comme Xavier Leroux, l'ardent auteur d'*Astarté;* Claude Debussy, le prestigieux innovateur de *Pelléas et Mélisande;* André Messager, l'artiste d'*Isoline*, prévoient le retour au génie français, où tout converge vers la clarté. Les autres, tels Alfred Bruneau, le poète de l'*Ouragan;* Camille Erlanger, l'énergique compositeur du *Juif polonais*, proclament la souveraineté, dans l'art, de la liberté et de la personnalité, dont ils espèrent le triomphe.

Une opinion intéressante est celle de Vincent d'Indy, le grand lyrique de *Fervaal,* qui entrevoit dans l'avenir la simplicité dans l'ordre dramatique et la complication dans l'ordre symphonique.

Camille Mauclair, le distingué critique d'art, a, dans la *Revue*, exprimé autrefois un avis identique sur la symphonie : « C'est elle sans doute, dit-il, qui va formuler l'émotion morale de l'humanité pendant des siècles. Cette « écriture de l'ineffable » durera peut-être plus longtemps que tous les autres arts, persistant sur leurs mémoires comme le seul langage assez fin pour exprimer la sensibilité future. »

On peut conclure, en faisant la synthèse de ces opinions, que nous sommes dans une période d'imprécision et de recherche. Le wagnérisme s'éteint. La musique devient de plus en plus intime, par là même quintessenciée et mystérieuse. Pour mieux explorer les profondeurs indicibles de l'âme, elle s'évade des formules officielles; elle brise, non sans quelque orgueil peut-être un peu prétentieux, les anciennes entraves; elle scrute les horizons; elle crie à la liberté : « Le règne de l'art impassible, le règne des conventions est clos! » s'écrie Gustave Charpentier, l'auteur acclamé de *Louise*. Les traditionnalistes le déplorent; mais d'autres leur répondent que la musique étant le plus élevé des arts, il lui faut toujours plus d'air, plus d'espace, plus de ciel.

Sera-t-il permis d'exprimer ici ce désir : que, de plus en plus, la musique et la poésie, si bien faites pour s'entendre, consomment, dans un parfait mariage, leurs accords jusque-là plus ou moins passagers, plus ou moins heureux? « A l'origine, dit M. Lavignac dans son excellent ouvrage, la *Musique et les Musiciens*, elles étaient indissolublement liées; puis elles se sont séparées; mais elles tendent toujours à se réunir, car ce n'est que par l'association qu'elles peuvent atteindre leur maximum d'intensité, encore augmenté, dans l'opéra et le drame lyrique moderne, par le décor résumant peinture, architecture, sculpture. » Aussi est-il nécessaire qu'elles scellent leur alliance dans les ombres intimes de la chambre comme à la lumière éclatante du théâtre, pour offrir ensemble à l'homme ou à la foule la coupe pleine jusqu'au bord du nectar enivrant de l'extase artistique. Elles doivent sans doute garder toutes deux, jusque dans leur intimité la plus pénétrante, leur indépendance, et la poésie ne doit pas être sacrifiée à la musique, comme il est arrivé dans les drames de Wagner, chose que déplorait, tout en s'inclinant devant l'exclusive enchanteresse, Stéphane Mallarmé.

Reste à découvrir le ou les temples enchantés où sera consacrée l'union de la Belle et du Prince Charmant. Mais déjà des bornes magiques montrent la voie. Sans parler du vulgaire mélodrame, où l'orchestre intermittent vient mettre en relief les situations et qui peut donner une vague idée du drame musical de l'avenir, les suites d'orchestre, telles que celle de Bizet dans l'*Arlésienne*, qui est une sorte de poème en prose, sont suprêmement enivrantes. Peut-on imaginer quelque chose de plus étreignant et de plus ravissant que cette soudaine intervention de la musique aux instants les plus pathétiques? Les nerfs de l'âme, si l'on peut dire, sont déjà tendus par l'intensité de l'action dramatique. Et voici qu'à la minute décisive où, l'émotion se trouvant à son apogée, les acteurs deviennent muets, la voix royale de l'orchestre s'élève, déchirant les derniers voiles, entrouvrant l'insondable ciel sur les jardins nostalgiques de la douleur et de l'amour.

Un essai également captivant, à mon humble avis, bien qu'on ait prétendu que « la déclamation accompagnée de musique restera toujours une forme bâtarde », est celui de ces adaptations musicales où la musique suit le poème lancé à pleine voix par le diseur, et commente, un à un, les sentiments qu'il exprime. Je me rappelle avec délices l'émotion qui s'empara du public lors d'une audition de l'*Élégie* d'Albert Samain, aussi admirable qu'admirablement dite. Quand Brémond, que l'on rappela quatre fois, en vint à ce passage poignant :

> Jamais rien n'atteindra, pour émouvoir notre âme,
> Ce charme surhumain de la voix d'une femme
> Qui, sur l'ivoire pâle où flotte son bras nu,
> Raconte au vent nocturne un amour inconnu,

le chant du violon, soutenu par le piano, dans un crescendo de désir, s'exalta, si mélancolique, si tendre, qu'il semblait soulever avec lui les larmes qui, des profondeurs les plus pures des cœurs, montaient aux yeux.

Ah! rayonnements de la Musique et de la Poésie! clartés de tous les arts! astre de la Beauté! nous croyons vous avoir entrevus, et nous n'avons fait peut-être que vous soupçonner. Que de brumes restent à écarter! que de splendeurs à découvrir! Et quand, dans les siècles des siècles, l'humanité aura pénétré plus avant dans la vision rêvée, alors, voyant grandir ses aspirations avec ses conquêtes, elle reconnaîtra, plus humblement encore qu'aujourd'hui, qu'elle est à peine parvenue au seuil de cet idéal qui se révèle seulement par delà la mort, quand les yeux de l'âme, enfin grands ouverts, sont devenus assez puissants pour soutenir l'éblouissement du divin soleil.

FIN

TABLE

Préface.	7
Rameau (Jean-Philippe).	15
Bach (Jean-Sébastien).	23
Hændel (Frédéric).	31
Glück (Christophe)	38
Haydn (Joseph).	47
Mozart (Wolfgang)	55
Méhul (Étienne-Henri).	64
Beethoven (Louis van).	75
Boïeldieu (Adrien)	84
Weber (Charles-Marie de)	94
Rossini (Joachim).	104
Meyerbeer (Liebmann).	113
Schubert (Franz).	123
Berlioz (Hector).	131
Mendelssohn (Félix).	140
Chopin (Frédéric).	148
Schumann (Robert)	156
Wagner (Richard)	164

Verdi (Giuseppe)	175
Gounod (Charles)	184
David (Félicien)	196
Franck (César)	205
Reyer (Ernest)	214
Rubinstein (Antoine)	224
Lalo (Édouard)	233
Brahms (Johannès)	242
Saint-Saëns (Camille)	254
Bizet (Georges)	266
Massenet (Jules)	278
Grieg (Edward)	287
Épilogue	295

34288 — TOURS, IMPRIMERIE MAME

FORMAT GRAND IN-8° CARRÉ
1re série

A TRAVERS LE GLOBE, par Charles de Vitis; 32 gravures.

AU PAYS FLAMAND, par Antony Valabrègue; 34 gravures.

DIX ANS DE HAUT-TONKIN, par L. Girod; 80 gravures.

FIDÉLINE, par Julie Lavergne; 20 gravures.

INDUSTRIES BIZARRES (LES), par Paul Bory; 57 gravures.

LUCIE, par Mme Gabrielle d'Arvor; ouvrage couronné par l'Académie française.

MES AVENTURES ET MES VOYAGES DANS L'ASIE CENTRALE, par Arminius Vambéry; 20 gravures.

ONCLE TIM (L'), par F. Battanchon; 20 gravures.

PREMIERS SIÈCLES DU CHRISTIANISME (LES), par Ferdinand Grimont; 40 gravures.

PROMENADES EN ANGLETERRE, par l'abbé Hermeline; 36 gravures.

SAINTE GENEVIÈVE ET SON TEMPS; 30 gravures et une carte.

TANTE BERTINE, par Mme Chéron de la Bruyère; 20 gravures.

TREIZIÈME, par Marguerite Levray; 20 gravures.

TROIS DISPARUS DU " SIRIUS " (LES), par Georges Price; 32 gravures.

VAGABONDE (LA), par Méhier de Mathuisieulx; 23 gravures.

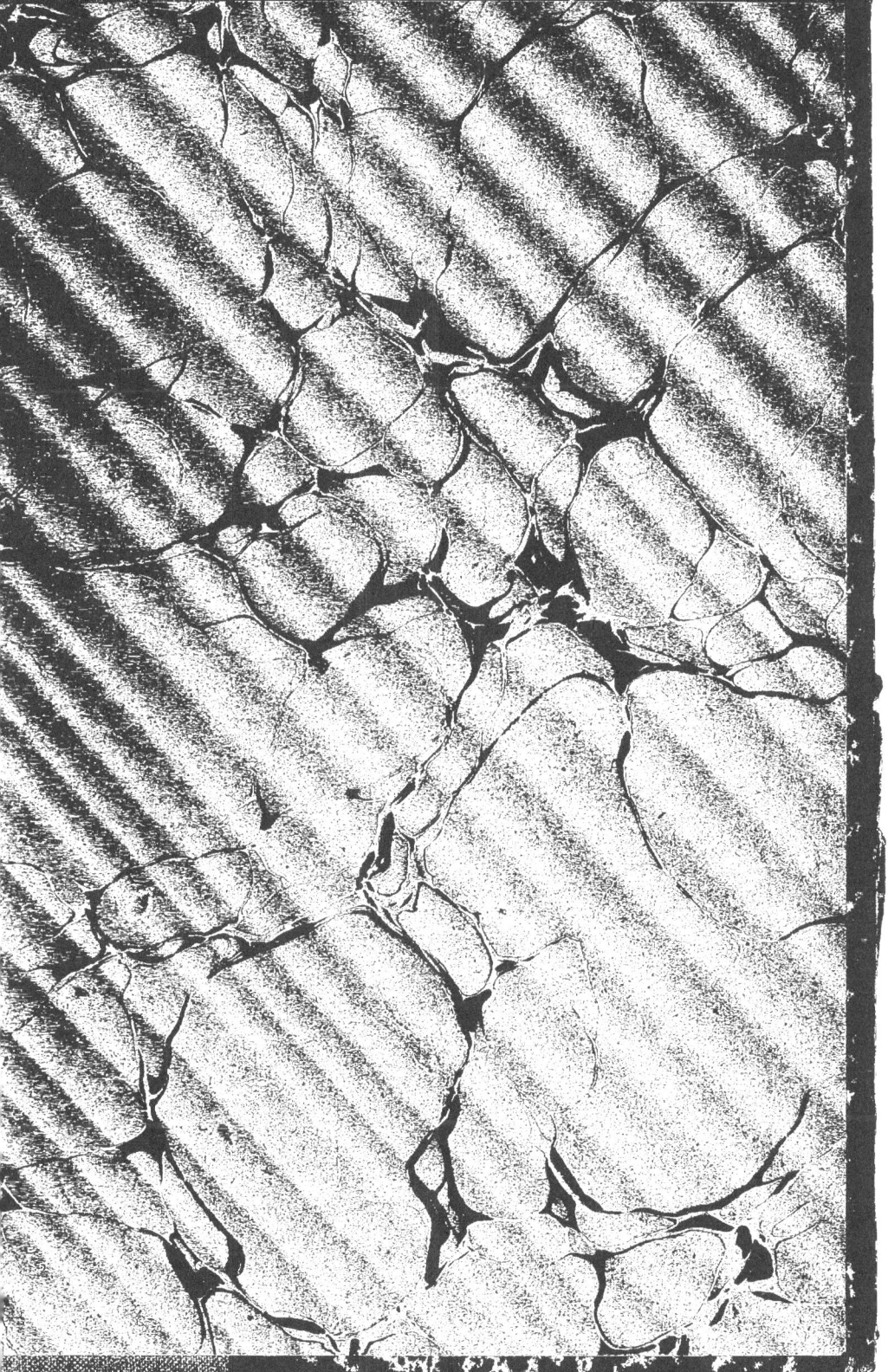

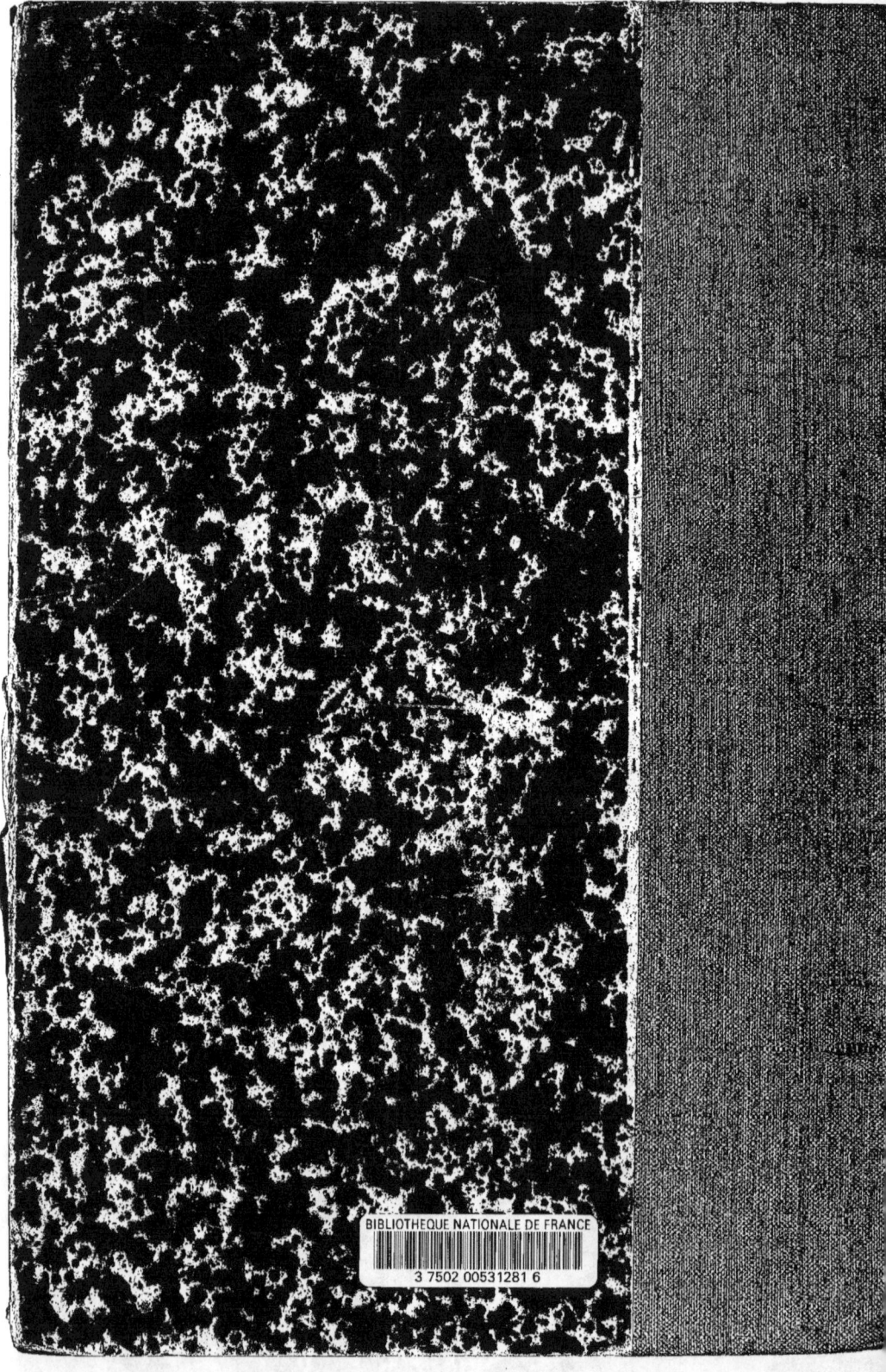

www.ingramcontent.com/pod-product-compliance
Lightning Source LLC
Chambersburg PA
CBHW070629160426
43194CB00009B/1410